De un destello,
a una antorcha
ARDIENTE
Misiones nazarenas en la India

De un destello,
a una antorcha
ARDIENTE
Misiones nazarenas en la India

Richard Gammill

cnp

Casa Nazarena de Publicaciones

Publicado por:
Casa Nazarena de Publicaciones
17001 Prairie Star Parkway
Lenexa, KS 66220 EUA

Correo electrónico: informacion@editorialcnp.com
Página en Internet: www.editorialcnp.com

Título original en inglés:
       First a Flicker, Then a Blaze
       By: Richard Gammill
       Editor: Aimee Curtis
       Cover Design: Sharon Page
       Inside Design: Sharon Page
       Copyright © 2010
       Publicado por Beacon Hill Press of Kansas City
       A division of Nazarene Publishing House
       Kansas City, Missouri 64109 USA.

       This edition published by arrangement
       With Nazarene Publishing House
       All Rights reserved

Publicado en español con permiso de
Nazarene Publishing House de Kansas City, Missouri 64109 EUA.
Copyright © 2011 Todos los derechos reservados.

ISBN 978-1-56344-702-0

Traducción: Belmonte Traductores
Diseño de portada: Sharon Page
Diseño interior: Natanael Picavea

Categoría: Misiones

A menos que se indique lo contrario, todas las citas bíblicas han sido tomadas de la Biblia Nueva Versión Internacional®, 1999 de Sociedad Bíblica Internacional.

Índice

Dedicatoria

A Cris (Bond) Gammill, el amor y la esposa de mi hijo
mayor, madre de cuatro de mis bellas nietas, quien demostró
una increíble valentía y un inquebrantable amor y cuidado
durante la larga enfermedad de Jeff y su fallecimiento.

Richard Gammill, presbítero nazareno retirado, ha tenido una visión y un amor por las misiones mundiales en general, y en particular por las misiones nazarenas en el mundo, desde que aprendía bajo la enseñanza del Dr. Paul Orjala en el Seminario Teológico Nazareno (STN). Durante sus años de servicio pastoral, Rich se esforzó por hacer que esa visión fuese fundamental para la vida y el ministerio de las iglesias a las que servía.

Rich se graduó de la Universidad Nazarena del Noroeste, después estudió en el Seminario Evangélico del Oeste durante un año y se graduó del STN en 1968. Pastoreó dos iglesias en el Distrito Noroeste antes de unirse al personal de Misión Mundial en 1974, donde sirvió primero como secretario de candidatos para misioneros, después como director del Cuerpo Misionero Estudiantil y finalmente como coordinador de Trabajo y Testimonio.

De regreso al pastorado en 1979, Rich pastoreó en California durante 17 años. Durante nueve de esos años también sirvió en el Concilio General de la Sociedad Misionera Nazarena Mundial (ahora Misiones Nazarenas Internacionales).

Rich se casó con Janice Jensen, a quien conoció en la universidad. Tuvieron cuatro hijos y actualmente se mantienen ocupados con 12 nietos. Su hijo mayor, Jeffrey, murió de cáncer en abril de 2008. Su hijo e hija menores, Steve y Julie, y sus familias, viven cerca de ellos. Su segundo hijo, Brian, es misionero en la India con Harvest Foundation de Phoenix, Arizona. Rich ha hecho varios viajes a través de la India con Brian, llegando a familiarizarse bastante con el liderazgo nazareno en ese gran país.

Rich y Janice residen actualmente en Little Elm, Texas.

Prefacio

Lo siguiente es mucho más que una colección de nombres con interesantes historias. Lo que usted leerá aquí son acontecimientos de la vida, que han formado y están formando una de las historias dinámicas de crecimiento en la Iglesia del Nazareno. Para mí, especialmente, son más que nombres; son personas con las que he trabajado personalmente como colega y amigo. Mis años de niñez en la gran nación de la India (y más adelante mi papel como director regional con responsabilidades de supervisión para Asia del Sur) me proporcionaron un aprecio por el contexto y el contenido de estas vidas.

Rich Gammill emprendió una tarea casi imposible al tratar de condensar en un espacio limitado y transferir a texto impreso historias que cada una por separado podrían ocupar un libro entero. Lo importante es recordar que lo siguiente no es sólo una muestra de cientos, sino de miles de líderes emergentes de todo el planeta que componen la estructura de la Iglesia del Nazareno internacional.

Durante décadas, la India era conocida como "un campo difícil". Es decir, los misioneros pioneros conseguían convertidos uno a uno, con todo en contra y remontando barreras insuperables, para plantar la semilla y para poner el fundamento. Ahora llega la cosecha, no sólo en nuevos convertidos sino también en un mar de nuevos líderes.

¡Lea y regocíjese! Gracias, Rich, por reunir este "rompecabezas", y esperamos con ilusión "el resto de la historia".

R. Franklin Cook

Introducción

"¡No! ¡No puedo permitirle hacer eso!" El inspector de policía era firme. "Permitir que esos cristianos extranjeros hablen en una gran asamblea en esta ciudad podría causar muchos problemas, incluso violencia".

El inspector estaba diciendo no, pero era el modo de Dios de decir sí.

Se habían reunido delegados de toda Asia del Sur para una gran celebración que marcaba 110 años desde que los primeros misioneros nazarenos llegaron a la India en 1898. Se había anunciado que varios dignatarios del Centro Nazareno de Ministerio Global y de la oficina regional de Eurasia se dirigirían al grupo. Pero eso no iba a suceder.

El aire vibraba de emoción cuando llegaron 500 nazarenos de Asia del Sur para aquella histórica ocasión. Ellos habían contado con escuchar a sus respetados líderes occidentales; sin embargo, también anhelaban ver poner en manos de uno de sus propios ministros el liderazgo de la Iglesia del Nazareno en la India.

Ya que a los occidentales no se les concedió permisos de orador, pero se les permitía hablar en los cultos de las primeras horas de la mañana, los líderes indios dieron los mensajes principales en los cultos principales de la noche. Ellos afrontaron el inesperado desafío de modo admirable.

James Diehl, superintendente general emérito, dijo: "Cuando nuestros líderes indios tuvieron que asumir la responsabilidad, lo hicieron en el poder del Espíritu. Los tres que hablaron en aquellos cultos de la noche estuvieron verdaderamente ungidos por el Señor. Justamente delante de nuestros ojos estábamos viendo al liderazgo de nuestra iglesia en la India ascender hasta lo más alto".

Los tres oradores eran muy conocidos para la asamblea reunida: Padu Meshramkar, quien ha ocupado diferentes puestos de liderazgo durante una carrera de 40 años; Solomon Dinakaran, superintendente del Distrito Karnataka y Sunil Dandge, director de la Universidad Bíblica Nazarena de Asia del Sur.

Durante más de un siglo, la Iglesia del Nazareno en la India estuvo continuamente bajo el liderazgo de misioneros de países del occidente, incluso en los últimos 30 años cuando el número de misioneros permitidos en el país fue muy reducido, casi eliminado. Los misioneros nazarenos más recientes que vivieron en la India fueron Arlen y Joyce Jakobitz, quienes sirvieron desde 1974 hasta 2004. Ron y Dianna Gilbert sirvieron como coordinadores de estrategia de área durante dos años mientras vivían en Sri Lanka. Daniel y Carol Ketchum los precedieron, sirviendo durante dos años.

Ahora había llegado el tan esperado momento cuando el Dr. Diehl presentó al recién nombrado coordinador de estrategia de área: "Me complace mucho anunciar que la India es ahora un área en sí misma, separada del resto de Asia del Sur. ¡Y su nuevo líder es el Rev. Sunil Dandge!"

Diez superintendentes de distrito, todos ellos de la India, subieron entonces a la plataforma para saludar a la jubilosa multitud. La iglesia autóctona asumía ahora la responsabilidad del pleno liderazgo de la Iglesia del Nazareno en la India en un momento verdaderamente histórico.

Fue también un momento abrumador. Sunil Dandge y cientos de líderes y pastores nazarenos sirven en un país de rápidos cambios con una población que sobrepasa los mil millones. El 80 por ciento de la población de la India es hindú, y su población musulmana de 150 millones de personas es la segunda más grande del mundo. Aunque la Constitución de la India garantiza libertad de religión, varios estados tienen leyes anticonversión. El extremismo hindú con frecuencia promueve la violencia contra los cristianos y las iglesias. El sistema de castas y otras antiguas costumbres crean tensiones y falta de armonía, incluso entre los cristianos, requiriendo una gran diligencia y fidelidad en el trato.

La membresía en la Iglesia del Nazareno en la India apenas había alcanzado las 6,000 personas en 1990, después de más de 90 años de sacrificial testimonio. En la conferencia de área de 2008 se informó que la membresía estaba por encima de 80 mil; ¡un aumento de 13 veces! Sesenta y cuatro equipos de la película JESÚS están viendo la potencial formación de tres nuevas iglesias cada día. Alimentar a esas iglesias embrionarias para que lleguen a una estabilidad madura es una tarea que afrontan los 1,500 alumnos que actualmente están matriculados en la Universidad Bíblica Nazarena de Asia del Sur (UBNAS).

Es una historia épica que contiene incontables historias individuales. A algunas de esas historias familiares dirigimos ahora nuestra atención. A medida que lo hacemos, regresamos todo el camino hasta el principio. La antorcha de la fe cristiana se encendió hace dos mil años, y poco después fue llevada a la India. Ha pasado de generación a generación a lo largo de los siglos, y hoy arde con muchísima intensidad.

1 ☙ El llamado

Los mástiles del barco se retorcían y crujían a medida que sus velas captaban cada soplo de viento, moviendo la nave y su carga lentamente hacia su distante destino. Los griegos habían descubierto recientemente esa ruta de tres mil millas sobre las azules aguas del mar de Arabia. A ningún judío le gustaba el mar abierto, prefiriendo en cambio la familiar desolación del desierto de Israel. Pero el apóstol Tomás iba a bordo, llevando las buenas nuevas a la India como respuesta a un llamado que ya no podía resistir.

Tomás era un pasajero que había pagado su pasaje, pero compartía espacio en la bodega con un cargamento de caballos de Arabia y esclavos de los Balcanes. Era un barco de 600 toneladas con una gran capacidad para carga. La fétida atmósfera que había en la bodega era intensísima, obligando a Tomás a escaparse a cubierta tantas veces como fuera posible. Apenas podía imaginar que, en el viaje de regreso, la hedionda bodega estaría llena de especias y pacas de algodón de la costa Malabar de la India.

Tomás podía haber preferido la ruta anterior, pegada a la costa y rara vez perdía de vista la tierra. Pero seguir esa ruta podía llevar meses. Ahora, sin nada que ver en el horizonte, Tomás se aferraba a su fe en que finalmente llegaría a la costa occidental de la India donde participaría en una misión que cambiaría vidas.

Sonrió ante la ironía de todo ello. Durante los tres años que pasó en compañía de su Maestro, verdaderamente disfrutaba de que le llamasen "el escéptico". Todo eso había cambiado en el momento en que tocó las marcas de los clavos en las manos de su Maestro y metió sus dedos en la herida de lanza de su costado. Aquella profunda herida, que siguió a los horribles azotes y la increíble agonía de ser clavado en la cruz, debería haber dado como resultado una muerte segura y permanente.

Cuando Jesús reapareció vivo, eliminó toda duda de la mente de Tomás. Aunque sería conocido para siempre en la historia como un escéptico, su duda fue rápidamente sustituida por una poderosa creencia en Jesús, su Señor resucitado. Su fe finalmente le condujo a abrazar el llamado que le guió a un destino que cambió el curso de la historia de la humanidad. Su creencia no le abandonó ni siquiera durante los agobiantes días de calma en que el barco no iba a ninguna parte. Esa creencia también le daría valor durante los peligrosos y demandantes años siguientes.

Jerusalén se había convertido en un lugar aterrador para los seguidores del Hombre de Galilea. Las tensiones en la comunidad se elevaban, y había poca compasión por parte de los romanos o de las autoridades religiosas hacia aquellos devotos de un revolucionario "muerto". Pero los discípulos de Jesucristo creían firmemente que Él estaba vivo. Entonces, en el día de Pentecostés, el Espíritu Santo descendió sobre aquellos asustados fugitivos y los transformó en motivados misioneros decididos a difundir el evangelio a cualquier costo.

La creencia que Jesús estaba vivo, junto con la capacitación del Espíritu Santo, produjo una tremenda oleada de valentía y diligencia. Inmediatamente los discípulos comenzaron a dispersarse para proclamar las buenas nuevas. Un grupo de creyentes fue establecido en Damasco a los 18 meses de la resurrección. La mayoría de los discípulos siguieron hasta Antioquía, el puente hacia el occidente. Pero el llamado de Tomás lo atrajo hacia el oriente, lo cual requería un épico viaje más allá de las fronteras del mundo romano. Los otros discípulos confirmaron su llamado.

Someterse al llamado no había resultado fácil, sin embargo; una vez más entabló una enorme lucha con su naturaleza escéptica. ¿Cómo puedo yo, un hebreo, ir y predicar la verdad entre los indios? Una noche,

Tomás rogó a su Señor: "Envíame a cualquier lugar, pero no a la India". La respuesta llegó suavemente: "No temas, Tomás; ve a la India y predica la Palabra, porque mi gracia es suficiente". "No temas". Tomás ya había demostrado una notable valentía y liderazgo en varias ocasiones. Él fue quien instó a los otros discípulos a viajar a Judea con Jesús: "Vayamos también nosotros, para morir con él" (Juan 11:16b). La primera declaración de fe explícita de la humanidad y divinidad de Jesús registrada, salió de labios de Tomás: "¡Señor mío y Dios mío!" (Juan 20:28). Más adelante, Tomás se reunió con los otros discípulos en aquellas temibles horas antes de que reconocieran a Jesús en la playa del mar de Tiberias.

Ahora necesitaba toda su valentía para obedecer el llamado.

Tomás se unió a una caravana que se dirigía hacia el sur pasando el mar Muerto y cruzando el Neguev. Después de una semana de difícil viaje por el desierto, llegaron al golfo de Aqaba. Allí se embarcó en un buque mercante que primero navegó por el mar Rojo y después siguió los vientos alisios o el viento de cola de un monzón por el mar de Arabia, llegando finalmente a la costa india y después navegando más hacia el sur.

El llamado sacaba a Tomás del territorio y las costumbres familiares del Imperio Romano oriental, llevándolo a la tierra totalmente extraña del subcontinente de la India. Allí encontró una exótica civilización hindú con sus miles de dioses, suplicantes hombres santos, rituales diarios en el templo, rígido sistema de castas, extrema riqueza y pobreza, y explotación humana. Además, el calor con la humedad a veces sofocante; la verde fertilidad; la tierra conectada con canales, lagunas y otras vías fluviales; árboles inmensos y arqueados de higuera de bengala y mangos; y los bosques de bambú, contrastaban todos ellos con la oscura aridez de los secos montes del desierto de Judea.

Su barco finalmente llegó en el año 52 d.C. al puerto principal de la costa Malabar (ahora Kerala). Los barcos de Salomón habían transportado especias desde ese puerto internacional. Para Tomás, un sencillo

17

carpintero de la Palestina rural, debió de haber sido como pasar a un distante planeta. Entonces, desembarcó sin saber que pasaría allí los siguientes 20 años predicando el evangelio.

Tomás entró en la ciudad al sonido de flautas, órganos y cantos. Se maravilló ante los grandes almacenes y los palacios de ricos mercaderes. Pronto descubrió la sinagoga judía y un templo a Augusto para la comunidad romana de expatriados. Poco después, localizó el lugar donde edificaría la primera iglesia cristiana en la India.

Actualmente, el puerto de Cranganore no existe, fue reemplazado por la espesa vegetación de la jungla. Pero hace dos mil años fue uno de los puertos más grandes del mundo. Las especias de Malabar eran traídas aquí al igual que los aceites del Himalaya, muchachas esclavas del norte de la India y seda de Asia central.

Antes de la era moderna, toda la pimienta que se consumía en el mundo, se producía en esta región. Junto con la pimienta se podía encontrar canela, nuez moscada, clavo de olor, cardamomo, jengibre y muchas otras, otorgándole a Kerala el sobrenombre de "la costa de especias de la India". Los mercaderes de especias se hicieron fabulosamente ricos. El nombre de Kerala significa "tierra de cocos", refiriéndose a las majestuosas palmeras que cubren la zona, haciendo de Kerala una de las zonas más bellas de la India.

Al igual que el tiempo escogido para el nacimiento de Jesús, aquel era el cumplimiento del tiempo. El primer siglo d.C. fue la era más intensa de comercio entre Roma y la India, comenzando bajo Augusto y desarrollándose bajo Nerón. Los viajes internacionales por mar eran más fáciles, más baratos y más seguros de lo que serían casi 1,500 años después, cuando Vasco de Gama navegó rodeando el cabo de Buena Esperanza en la extremo sur de África, descubriendo la ruta a las Indias orientales. Artesanos indios muy diestros, utilizando la amplia provisión local de madera de teca, construyeron muchos de los grandes barcos mercantes utilizados por mercaderes romanos y árabes. Actualmente, los restos de algunos de aquellos barcos pueden encontrarse a lo largo de la costa, desmoronándose en la vegetación de la jungla.

El mismo Espíritu Santo que guió al apóstol Pablo a establecer iglesias estratégicamente alrededor del este del Mediterráneo, también guió a Tomás a establecer iglesias en Cranganore y las regiones circundantes. El libro de los Hechos de los Apóstoles detalla la historia que el mundo occidental conoce tan bien, mientras que la historia de Tomás y sus esfuerzos de evangelismo y establecimiento de iglesias es poco conocida fuera de Asia del Sur. Sin embargo, actualmente la comunidad cristiana en Palestina está compuesta sólo por unos miles y sus iglesias en gran parte vacías; mientras que los cristianos de Tomás han perdurado a lo largo de los siglos hasta convertirse en una vibrante parte de la sociedad india.

El mercado de especias no sólo proporcionó a Tomás el medio de viajar hasta la India; también le dio parte del propósito. El atractivo de las especias significaba la presencia de prósperas colonias de romanos y judíos expatriados a quienes Tomás proclamó el evangelio, junto con los hindúes nativos.

Capacitado por el Espíritu Santo, Tomás fundó siete iglesias en Kerala. Primero fue a la comunidad de judíos expatriados y ganó miles de convertidos allí. Otros miles llegaron de los brahmanes y otras castas altas hindúes. Pronto, muchos "intocables" se incorporaron al redil cristiano. La iglesia en Malabar tenía un gran espíritu misionero y los cristianos de Malabar difundieron su fe llegando hasta las Maldivas e Indonesia. Actualmente, miles de cristianos en Kerala orgullosamente remontan su linaje hasta aquellos primeros convertidos bautizados por Tomás.

Esos primeros cristianos judíos prefirieron ser conocidos como "nazarenos", un término del que sus descendientes son partidarios incluso en la actualidad. Se dice que San Bartolomé llegó a Kerala, llevando con él un ejemplar de "El Evangelio según San Mateo, El Libro del Nazareno".

Hoy en día, organizaciones hindúes militantes trabajan incansablemente para lograr la "regeneración" o "reconversión" de indios que han abandonado su antigua herencia (el hinduismo) y han adoptado otras religiones, como el cristianismo y el Islam. Ellos sostienen con firmeza que esos traidores a su fe histórica fueron forzados a convertirse. Pero es muy claro que el cristianismo tiene profundas raíces en el terreno y la historia de la India.

Un día, Tomás se retiró a un monte llamado Maleator para ocultarse de sus enemigos hindúes que estaban cada vez más alarmados por el creciente éxito de su misión. Ya llevaba 20 años en el país, y había sido testigo de muchos acontecimientos parecidos a los del libro de los Hechos. Al llegar a la cumbre del monte pudo ver Kerala extendiéndose como una meseta delante de él. La escena en la cumbre de aquel monte fue como la que se produjo en Getsemaní. Tomás pasó un mes en aquel monte en oración, preparándose para lo que sabía que sería su inminente martirio. Entonces, como el apóstol Pablo en su emotiva reunión de despedida con los ancianos de Éfeso, Tomás reunió a sus seguidores para advertirles que nunca más volverían a verle.

El llamado le había sostenido a lo largo de dos décadas de abrumadoras dificultades, éxito, oposición y bendición. Ahora le llevaba hacia el este, su propia versión del llamado macedonio del apóstol Pablo. Miró por última vez a las verdes colinas y las corrientes de agua de Kerala, tomó su vara y se encaminó hacia el este atravesando las montañas penetrando más adentro de la India. Finalmente llegó a la costa de Tamil Nadu, al lugar de la actual Chennai (Madrás). Inmediatamente comenzó a ministrar en Mylapore, una ciudad de un antiguo templo sagrado a la diosa Shiva. Pasó cuatro años allí, predicando a la gente y, al igual que Pablo en Atenas, debatiendo con los brahmanes en sus templos. Su negativa a adorar a sus dioses lo puso en un gran riesgo.

Finalmente, el rajá local se cansó de que ese hombre santo convirtiese a sus súbditos y enojase a los brahmanes. Ordenó a sus soldados que arresten a Tomás, lo saquen de la cueva donde vivía, lo lleven a la cumbre del monte y lo apuñalen.

Mientras los cuatro soldados arrastraban a Tomás a lo alto del monte, él oraba: "Señor mi Dios, mi guía en todas las tierras por las que he viajado, guíame ahora que pueda llegar a ti". Entonces los soldados se voltearon y lo golpearon, y él cayó y murió.

Esa parte de Chennai ha sido conocida durante siglos como el Monte de San Tomás. Su nombre aparece en negocios, autobuses, puntos de referencia y también en iglesias. Marco Polo reportó haber visitado el monte durante sus históricos viajes en el siglo XIII. Una pequeña capilla en su honor, fue construida allí por los portugueses en 1551.

Pero el monumento aún más grande es la iglesia que él estableció en su tierra adoptiva. En 1498, cuando el navegante portugués Vasco de Gama arribó a la costa Malabar, se calculaba que había dos millones de cristianos en unas 1,500 iglesias. A lo largo de los siglos, los cristianos habían sufrido periodos de persecución, pero la mayor parte del tiempo vivieron en paz con sus prójimos. Sin embargo, con la llegada de los portugueses, comenzó una trágica era de brutal persecución contra los cristianos en Kerala. En su intento de apoderarse del mercado de las especias, los barcos portugueses comenzaron a bombardear las ciudades costeras de Kerala. La Inquisición portuguesa se propuso de inmediato destruir las iglesias en Kerala. Al sospechar de cualquier cristianismo que no estuviera bajo la influencia de Roma, los portugueses creyeron que aquellos cristianos de la India eran herejes que, entre otras cosas, creían en la reencarnación y en la astrología.

A pesar de quemar todas las copias existentes de "Los Hechos de Tomás", los portugueses nunca tuvieron éxito en borrar la historia de los cristianos de la India. Destruyeron las bibliotecas, pero los cristianos de Santo Tomás memorizaron su historia, incorporándola en cantos y danzas. Su historia fue reescrita sobre hojas hechas de fibra de coco encuadernadas para hacerlas parecer inocentes colecciones, muchas de las cuales aún existen.

La escasez de historia escrita de la iglesia ha conducido a algunos historiadores a cuestionar si Tomás realmente estuvo en la India, causando que un líder cristiano de Kerala respondiera acaloradamente: "Nosotros somos la evidencia de que Santo Tomás vino a la India, ¡de que él fundó la iglesia india! Esta evidencia es más persuasiva que cualquier cosa que pudiera haberse escrito. Tenemos una espiritualidad que se acerca mucho a la espiritualidad de la iglesia primitiva".

Este gran hombre que es conocido como un escéptico dio un extraordinario salto de fe al viajar tan lejos con las semillas de una nueva religión, entregando su vida en obediencia al llamado. Su valiente obediencia ha dado como resultado que millones de indios lleguen a la fe en Jesucristo. En la India, el cristianismo nunca ha llegado a ser una religión sobresaliente en cuestión de números, y de muchas maneras hay una vigorosa oposición a él, sin embargo su influencia se siente por toda la sociedad india en la actualidad.

A lo largo de los siglos muchos han pretendido extinguir la antorcha de la fe cristiana que Tomás llevó a la India, pero el brillo de su llama sigue sin atenuarse hoy en día.

2 ⦿ De un destello, a una antorcha ardiente

"Debemos orar, debemos ayunar y orar. Esta es la única respuesta. Si Dios no interviene y cambia por completo el modo en que van las cosas, ¿cómo podrá sobrevivir nuestra misión en la India?"

Era el año 1954, y la pequeña misión nazarena afrontaba una grave crisis. La India había logrado la independencia de Gran Bretaña sólo siete años antes; el horrible derramamiento de sangre que acompañó la división de la anterior colonia en los países de la India y Pakistán dejó profundas heridas que tardaban en sanar. El nuevo gobierno indio nombró la Comisión Niyogi para investigar el papel de los misioneros y el cristianismo en el país. Había una fuerte sospecha, incluso odio, hacia todo lo occidental.

La misión estaba a punto de desgarrarse con sus propios y profundos problemas. Los pastores indios habían llegado a depender de un líder misionero de mucho tiempo que les había fallado; y ahora, en su ausencia, prevalecían las luchas. Eso causó desaprobación de las autoridades locales, que cuestionaban lo que estaba sucediendo. Los misioneros admitieron que no había una solución fácil aparte de la intervención de Dios.

Después de 56 años de ministerio, la antorcha que llevaba la Iglesia del Nazareno en la India parpadeaba. Tras haber dado testimonio en otras partes de la India en los primeros años del siglo, la obra ahora se concentraba en una pequeña zona de la parte oriental del estado de Maharashtra. Mucho sacrificio y diligente labor habían edificado lentamente instituciones que mantenían la luz del evangelio en esa zona rural.

La misión nazarena recibió una propiedad en Basim (ahora Washim) de la Iglesia Metodista en 1935 que finalmente se convirtió en el hospital Reynolds Memorial, la Escuela Nazarena de Formación Bíblica, una iglesia local, bungalós para misioneros y otras instalaciones. Iglesias, escuelas, clínicas y hogares para misioneros estaban ubicados por toda la región. Llegaban misioneros para servir por periodos de siete años en evangelismo, educación y medicina. La membresía en las iglesias crecía con lentitud y el liderazgo nacional estaba emergiendo. ¿Iba a perderse todo eso ahora? Hubo mucha oración y ayuno.

Iglesia del Nazareno en Washim en la actualidad

Un domingo en la mañana, el misionero Bronell Greer predicó en una iglesia india. Era conocido por su dominio del lenguaje marathi y su erudición, pero le había resultado difícil acercarse a los cristianos indios. Mientras predicaba, se quebrantó cuando el Espíritu de Dios vino sobre él. En profunda humildad abrió su corazón, confesando su amor por Jesús y por el pueblo indio. El líder que ellos habían perdido era su amigo íntimo, y él prometió hacer todo lo que pudiera para compensar su pérdida. Pidió perdón por sus propios fracasos y su espíritu altivo.

La respuesta fue inmediata y abrumadora, a medida que los adoradores se agolpaban alrededor del misionero asegurándole su amor y aprecio. Ellos mismos se arrodillaron en confesión orando por la misericordia y el perdón de Dios.

Los adoradores salieron de la iglesia y se fueron por el camino gritando y cantando alabanzas a Dios. Cuando pasaron al lado del bungaló que los misioneros Earl y Hazel Lee ocupaban, Earl exclamó a su esposa: "¡Ha llegado! ¡El avivamiento ha llegado!"

Noche tras noche después de aquel domingo, los Lee pudieron oír oraciones que salían de la capilla.

Como presidente de la misión, Earl convocó a los pastores a reunirse durante una semana, comenzando con una noche de oración. Antes de la mañana, un potente espíritu de avivamiento cayó sobre la concurrencia. ¡Fue su Pentecostés! Los pastores se reconciliaron unos

**Mapa del primer periodo de la obra
de la Iglesia del Nazareno en la India**

con otros y con los misioneros. El derramamiento del Espíritu de Dios los capacitó para dejar atrás su amargura y su desengaño y volver a dedicarse a la obra de Dios.

Los pastores salieron de Basim y fueron al internado nazareno en Chikhli, a unas 70 millas de distancia. De camino, se detuvieron en el bungaló de los misioneros Carter en Mehkar para informar de lo que había sucedido. Cuando los pastores compartieron emocionadamente su testimonio, Marjorie Carter escuchó para ella la promesa de Dios en la Escritura de labios de uno de los pastores: "No temáis, manada pequeña, porque a vuestro Padre le ha placido daros el reino" (Lucas 12:32 RVR60).

Cuando los pastores llegaron a la escuela, descubrieron que el avivamiento les había precedido. Los niños les pedían Biblias, y aquella noche en el culto de la capilla, se pusieron en pie uno tras otro y dijeron: "Este es el versículo que Dios me dio hoy". Después leyeron las promesas de Dios para ellos y para la iglesia.

Marjorie Carter estaba sentada en la parte de atrás de la capilla con su hijo de cinco años sobre su regazo. Su Biblia estaba abierta en 1 Crónicas 28, y ella leyó el mensaje de Dios al rey David de que él no construiría el templo, sino que lo haría su hijo, Salomón. Marjorie comprendió que Dios le decía que no serían los misioneros de esa época o esa generación de predicadores los que extenderían la iglesia. Dios utilizaría a estos niños para llevar el evangelio más allá de las actuales fronteras de la Iglesia del Nazareno. Ellos serían quienes recogerían la antorcha y la llevarían por toda la India.

Más adelante, Earl Lee convocó la reunión anual del concilio misionero. Dijo: "Antes de comenzar la sesión de trabajo, tomemos tiempo para la adoración y la alabanza". Los misioneros oraron y el Espíritu de Dios cayó sobre ellos. Un abrumador espíritu de oración intercesora trajo quebrantamiento a los misioneros. Brotaron lágrimas, se hicieron confesiones y se expresaron oraciones. El orador invitado nunca tuvo la oportunidad de predicar.

Aquello continuó durante 10 días. Hazel Lee, la anfitriona, había pedido comida de Bombay (a 400 millas de distancia) para 40 personas durante tres días, pero de alguna manera fue suficiente. Cuando los misioneros se reunían para las comidas, algunos se disculpaban y salían de la mesa para ir a la capilla para ayunar y orar.

La reunión de las esposas de los pastores de distrito se realizó poco después. Ellas se reunieron durante tres días con las misioneras que impartían las clases. El domingo en la mañana, las misioneras estuvieron de acuerdo que no querían enseñar, pero que todos fueran a la capilla para escuchar a Paula Greer describir cómo la gloria de Dios llenó el templo el día de la celebración cuando Salomón lo dedicó.

Antes de la lección de Paula, entonaron un canto, y entonces un tranquilo murmullo de oración cayó sobre el grupo. De repente, todas las mujeres estaban de pie sollozando y orando, cantando y testificando. Cuando Marjorie Carter se puso de pie en la capilla, todas las esposas de los pastores se acercaron a ella, al igual que se acercaron a las otras misioneras, apoyando sus cabezas sobre su hombro, con el mismo testimonio entre sollozos: "¡Dios ha puesto una carga muy fuerte en mi corazón por las mujeres de mi pueblo!" La gloria de Dios llenó la capilla aquella mañana.

Gertrude Tracy estuvo presente aquel día, celebrando el 50 aniversario de su llegada a la India con su esposo Leighton, y se regocijó por ser testigo de una escena tan increíble. Cómo deseaba que su difunto esposo pudiera haber visto aquello.

Este avivamiento enviado por Dios salvó la misión nazarena y fue un momento histórico crucial. Hazel Lee dijo: "Dios hizo algo hermoso de lo que podría haber sido una debacle triste, muy triste". Dios utilizó a los predicadores para llevar el avivamiento a todos los puntos de predicación y más lejos aún. Pronto se abrió una Iglesia del Nazareno en Bombay, al oeste, y en Nagpur, al este. Se plantaron semillas que brotarían bajo el liderazgo de la siguiente generación.

Cuando Earl y Hazel Lee regresaron a los Estados Unidos en 1959, creían que habían ayudado a establecer el fundamento para que otros construyeran en él. Habían visto a la iglesia de la India llegar a un punto en el que estaba lista para crecer. Ahora debía tener su propio liderazgo nacional. Durante el medio siglo siguiente, la visión de los Lee se convertiría en una asombrosa realidad.

3 ☖ La sorpresa de Sudha
La historia de Meshramkar

Sudha estaba sentada paralizada en su asiento en el culto del campamento de jóvenes. Su corazón latía con rapidez a medida que una tormenta de pensamientos y emociones la asaltaban. ¿Era el mensaje? O quizá era el mensajero, un apuesto y joven evangelista que recientemente había regresado a la India después de completar sus estudios en el seminario en Kansas City.

Realmente eran ambas cosas. Sudha se había criado en un hogar cristiano y se había graduado de una escuela misionera. Sabía sobre el campamento de jóvenes, pero con un aire de suficiencia, sentía que no era algo en lo que ella estuviera interesada. Una de sus maestras misioneras habló con ella: "Sudha, de verdad creo que a ti y a tus amigos les gustaría asistir a este campamento. Allí hay algo muy especial para ti".

Por tanto, ella fue con sus amigos y hermanos al campamento de cuatro días. El nombre del joven predicador era Padu Meshramkar. Los mensajes de él atravesaron su engreimiento y llegaron a su corazón. Una noche, todo el grupo de amigos pasó al altar.

Más adelante, Sudha le dijo a su maestra: "En realidad yo no pensaba que necesitara pasar al altar, y ni siquiera recuerdo cómo llegué allí. Pero de repente estaba clamando a Dios para que me perdonase por pensar que sólo con vivir una buena vida era suficiente. ¡Por primera vez en mi vida rendí por completo mi vida a Dios!"

Sudha no sólo encontró una nueva relación con Dios en ese campamento, sino que también empezó una relación con aquel joven predicador. Padu le preguntó: "Sudha, ¿crees que tus padres me darían permiso para escribirte?" Ella habló con sus padres, y ellos dieron permiso, aunque dudando un poco. Sudha permaneció en su casa en Indore mientras Padu regresó al campus de la Escuela Nazarena de Formación Bíblica en Washim donde enseñaba.

Después de algunos meses de correspondencia, Padu escribió: "Sudha, ¿quieres enseñarles a tus padres esta carta y preguntarles si darían su consentimiento para que nos casemos?"

La madre de Sudha quedó aterrorizada. "¡Sudha, no! ¿Cómo puede este predicador sostenerte con su escaso salario? ¿No recuerdas lo difícil que fue para nosotros cuando tu padre dejó el Departamento de Seguridad para comenzar su ministerio?"

Padu y Sudha Meshramkar

Sin embargo, el corazón de su madre se fue suavizando poco a poco, y los padres de Sudha finalmente estuvieron de acuerdo en conocer a los padres de Padu. Sudha sabía que aquello era la voluntad de

Dios. El Domingo de Ramos del año 1970 las dos familias se reunieron para la fiesta de compromiso. La boda siguió poco después, el 12 de mayo. Los recién casados se trasladaron a una casa en el campus de la escuela bíblica.

La herencia cristiana de Sudha se remonta a tres generaciones. Su abuelo fue director de una escuela misionera hasta que murió a una temprana edad. Su abuela crió a cinco hijos a la vez que trabajaba en un hospital misionero. Su padre dejó su carrera en la Reserva Central de Policía para finalmente llegar a ser profesor de seminario para la Iglesia Presbiteriana Canadiense, la cual más adelante se fusionó con el Concilio de Iglesias de Malwa.

Al casarse, Sudha entró en una familia nazarena cuyo trasfondo está arraigado a la historia de la Iglesia del Nazareno en la India. Los primeros misioneros nazarenos llegaron a la India en 1898 y comenzaron a trabajar al este de Bombay. Compraban flores a un vendedor callejero hindú y se enteraron de que él también construía casas. Los misioneros le contrataron para que les construyese una casa, y le explicaron que habían dejado Estados Unidos para llevar el evangelio de Jesucristo a la India. Era una historia extraña y nueva, pero a medida que él escuchaba su corazón respondió al mensaje.

La casa que aquel joven convertido construyó sigue en pie más de un siglo después, al igual que su herencia familiar. Él era el bisabuelo materno de Padu, uno de los nueve primeros convertidos. Hubo entonces un brote de malaria que causó la muerte de dos misioneras, lo que le llevó al minúsculo grupo misionero a considerar el traslado a un clima más sano.

Ellos, con los nueve convertidos, finalmente llegaron a Buldana en Maharashtra central, donde consiguieron una propiedad y establecieron una base de operaciones permanente. Fundaron una escuela bíblica y un internado infantil. Fue una escuela para niños varones durante varios años hasta que la misionera Orpha Cook insistió en que fuese de enseñanza mixta: La primera en la India central. La madre de Padu,

Anandibai, estudió hasta el séptimo grado, lo más alto que se permitía llegar a una niña, y luego sirvió como enfermera para la residencia de las muchachas durante muchos años.

Una terrible sequía golpeó el este de Maharashtra en los años veinte, causando un enorme sufrimiento. La Alianza Cristiana y Misionera (ACM) respondió enviando ayuda a miles de familias indias. El abuelo paterno de Padu quedó tan profundamente impresionado por los incansables esfuerzos de aquellos cristianos, que le entregó su vida a Jesucristo. Cuando la ACM comenzó una escuela bíblica, él estudió allí.

John Meshramkar, el padre de Padu, era uno de los diez hijos en su familia. El padre de John sintió profundamente que Dios había llamado a ese muchacho a un servicio especial. John estudió en la escuela primaria y secundaria de la ACM. Justo después de terminar su formación, llegó un llamado pidiendo ayuda. Los nazarenos preguntaron si había alguien que pudiera ir y enseñar a su escuela en Buldana. John aceptó el llamado como una tarea temporal, pero pronto llegó a ser el director. Enseñó para los nazarenos durante 40 años, dirigió la escuela en su traslado a Chikhli en 1948, donde se convirtió en una escuela de enseñanza mixta.

Si viaja por Maharashtra en la actualidad, al igual que por otras partes de la India, conocerá a muchos líderes nazarenos, tanto laicos como ministeriales, que estuvieron bajo la influencia de John Meshramkar durante sus años formativos cuando vivían y estudiaban en el internado en Chikhli. El legado que él impartió es, en la actualidad, un importante factor en el crecimiento de la iglesia en la India. Él pasó la antorcha de su fe a muchas otras manos jóvenes que han madurado y dirigen la Iglesia del Nazareno.

John y Anandibai se casaron en 1932 y tuvieron cuatro hijos. Su hija, Madhumalti, llegó a ser maestra y se casó con un metodista empleado en los ferrocarriles indios. Su hijo mayor, Kamalakar, mostraba un tipo especial de promesa. Los misioneros prometieron: "Kamalakar, si logras entrar en la escuela de medicina, nosotros te ayudaremos". Él llegó a ser cirujano y regresó al hospital Reynolds Memorial, donde sirvió como superintendente médico durante muchos años. Aunque ahora está jubilado, sigue haciendo rondas de visitas matutinas en el hospital.

Su segundo hijo, David, sirvió en el ejército indio durante varios años antes de trasladarse a Delhi, donde ayudó a John y Doris Anderson a comenzar la obra nazarena en el norte de la India. Sirvió en el distrito de Delhi por muchos años como miembro de la junta consultora y tesorero.

Su tercer hijo fue Padmakar, llamado "Padu" por su familia y amigos. Padu asistió a la escuela en Chikhli, donde varios de sus compañeros eran hijos de misioneros. De ellos comenzó a aprender el inglés, y eso desató un sueño secreto en su corazón. Muchos le decían: "Padu, tienes que ser predicador". Pero él se decía a sí mismo: ¡No, no! ¡Seré profesor de inglés! Ahí es donde está el prestigio y el dinero. Pero durante su segundo año en la universidad pública en Washim, con inglés como asignatura principal, Dios captó su atención. Padu y varios de sus amigos de la universidad viajaron para escuchar a un evangelista del equipo de Billy Graham: El Dr. Akbar Haqq.

Padu había entregado su corazón a Jesús a la edad de 19 años, pero se aferró a sus propios planes. Aquella noche el evangelista citó Juan 14:6: "Yo soy el camino, la verdad y la vida —le contestó Jesús—. Nadie llega al Padre sino por mí". Una fuerte lucha tuvo lugar en el corazón de Padu: ¿Seguiré por mi propio camino o permitiré que Jesús me dirija? Las personas respetan a los profesores de inglés y Padu quería ese prestigio. Los profesores de inglés también tienen un buen salario. ¿Estaba él dispuesto a renunciar a eso?

Él gritó: "Ningún joven indio puede realmente buscar primero el reino de Dios. Yo voy a buscar primero mi propio camino, y después buscaré el reino de Dios".

Padu, vestido con una camisa amarilla y pantalones negros, lloró mientras se arrodillaba en el altar con tres amigos que le ayudaban a orar. Finalmente, le dijo ¡sí! a Jesús. ¡Sí! Buscaría primero el reino de Dios. ¡Sí! El Espíritu Santo tenía el control ahora.

Todos los planes de Padu tenían que cambiar. Terminó la universidad y se matriculó en el Seminario Bíblico Unión (SBU) en Yeotmal, dónde obtuvo una licenciatura. Después enseñó en la Escuela Nazarena de Formación Bíblica en Washim.

Cuando el superintendente general, el Dr. V. H. Lewis, llegó a Washim, le dijo: "Padu, usted necesita asistir al Seminario Teológico Nazareno en Kansas City, Estados Unidos. Permítame ayudarle a llegar allí". Padu no sólo obtuvo dos maestrías en el seminario, sino que también fue escogido para ser miembro del equipo Embajadores Evangelísticos Nazarenos que ministró en Europa y Centroamérica en julio de 1969.

Luego, Padu y Sudha se trasladaron a una casa en el campus de la Escuela Nazarena de Formación Bíblica en Washim, donde vivirían el resto de sus vidas. Desde aquella pequeña ciudad en un distrito primordialmente rural, la influencia de Meshramkar ha llegado a toda la India a medida que la Iglesia del Nazareno dirigió su atención a toda la India y más lejos aún.

Padu sirvió como maestro y después como director en la escuela nazarena por 20 años. Durante ese periodo completó sus estudios doctorales. En 1992 comenzó a dirigir la educación teológica por extensión (ETE) para toda la India. Durante cuatro años enseñó cursos de ETE por toda la India. En 1996 fue nombrado coordinador de evangelismo y desarrollo de la iglesia para Asia del Sur. Durante varios años ha servido en el Seminario Bíblico del Sur de la India (SBSI) como presidente de la Junta.

Durante la Asamblea General de 1997, el director de Misión Mundial, Louie Bustle, llevó a Padu a cenar. El Dr. Bustle le desafió: "Padu, el ministerio de la película JESÚS se ha vuelto fundamental para nuestro evangelismo y establecimiento de iglesias. Sólo Dios conoce su potencial para ayudarnos a llevar el evangelio a más personas y comenzar nuevas iglesias. Quiero que usted dirija este programa en la India".

Desde entonces, una multitud de equipos de la película JESÚS ha presentado el evangelio por toda la India. Un sistemático enfoque de preparación, presentación, proclamación y seguimiento ha llevado a miles de personas a Jesús y ha fomentado el establecimiento de muchísimas nuevas iglesias nazarenas.

En 1999 Padu comenzó a visitar Nepal, y en el año 2000 fue nombrado superintendente de ese joven distrito. En febrero de 2007 tuvo lugar la asamblea de distrito mientras el país estaba alborotado, con su rey destituido y el pueblo batallando por establecer un gobierno parlamentario. Con los trabajadores del transporte en huelga, todo el mundo tenía que caminar, lo cual era doloroso para Padu, pues luchaba con una lesión de tendón. La capital, Katmandú, se enfrentaba a una inusual ola de frío. Los manifestantes bloqueaban algunas calles, pero la asamblea era una escena de alegría a medida que los delegados nazarenos hablaban sobre las bendiciones de Dios durante el año anterior. La obra había crecido hasta incluir 21 iglesias con casi mil miembros y un centro de ministerios de compasión grande y exitoso. Muchos habían caminado kilómetros para asistir a la asamblea.

Padu se dirigió a la asamblea: "Gloria a Dios por lo que Él ha hecho en estos pocos años. En este momento les encomiendo a su nuevo liderazgo ahora que yo hago a un lado esta responsabilidad. Gracias por permitirme servirles de esta manera". Los delegados expresaron su aprecio con aplausos de entusiasmo.

El hijo de Padu y Sudha, Atul, asistió a la Universidad Nazarena de Mount Vernon. Después de graduarse, trabajó durante un tiempo en Ohio y después regresó a la India, obteniendo una maestría de la Universidad Pune antes de convertirse en el director de Ministerios Nazarenos de Compasión para la India. Al vivir en Pune con sus dos hijos gemelos, Atul y su esposa Sunita, que anteriormente trabajó para Visión Mundial, han conducido el desarrollo de una red de centros de ministerio y obreros por todo el país, capacitando a la Iglesia del Nazareno para llevar ayuda y esperanza a lugares y personas con una gran necesidad.

Su hija Soniya, estudió en la Universidad Nazarena MidAmerica y ahora trabaja para la UNICEF en el departamento de erradicación de polio en el norte de la India. Ella y su esposo, Sunil, y su hija Ananya, tienen su hogar cerca de Delhi.

Bueyes jalando una carreta de paja

En las afueras de Washim, la carretera de salida de la ciudad pasa al lado del hospital Reynolds Memorial, un cruce de ferrocarril y la Iglesia del Nazareno local antes de pasar al lado de la casa de los Meshramkar. El tráfico por la carretera incluye carretas de paja jaladas por bueyes, coloridos autobuses llenos de gente, camiones pintados de colores vivos, mototaxis de tres ruedas y triciclos. En el campo que hay detrás de la casa, un par de búfalas lecheras pastan tranquilamente.

Parte de la tecnología moderna ha llegado a la diminuta oficina que está cerca de su casa. Escritorios, un teléfono, computadoras y equipo de impresión llenan el espacio donde Padu y Sudha siguen sirviendo a la iglesia, incluyendo ser el pastor principal de la Iglesia del Nazareno que está al lado. Sus tres nietos les visitan de vez en cuando, llevando con ellos bendición y alegría. El anciano padre de Padu, John, de casi cien años de edad, vive con ellos y bendice sus vidas. La iglesia y los países a los que ellos han servido durante los últimos 40 años también les bendicen a medida que décadas de lento crecimiento han sido reemplazadas por años de rápida expansión. Verdaderamente bendecidos.

4 ࿐ La historia de Dandge

La desagradable noticia se había difundido rápidamente por el pueblo de Paradh, en el distrito de Buldana. Cuando Shravan llevó su vacío cántaro de agua al pozo del pueblo, sus enojados vecinos hindúes lo confrontaron.

"¡Ya no eres uno de nosotros! Has hecho enojar a nuestros dioses aceptando a un Dios extranjero. Nuestros dioses nos castigarán, y el pueblo sufrirá si tomas agua de este pozo. ¡Vete!"

Cuando Shravan fue al mercado local para comprar alimentos para su familia, se encontró con la misma resistencia llena de enojo. "¡Tus rupias no valen nada aquí! No podemos canjear sus productos. ¡Tu Dios no es bienvenido aquí ni tú tampoco!"

Shravan quedó conmocionado, pero no iba a rendir su fe recién encontrada. Cuando escuchó la historia de Jesús y supo que podía ser libre del temor, la superstición y la esclavitud religiosa, respondió con entusiasmo. El gozo que había en su corazón le decía que aquello era real, pero también sabía que su conversión provocaría una violenta oposición. Fue rechazado por su pueblo, condenado al ostracismo por gran parte de su familia y perdió sus derechos de propiedad.

Shravan creía que ese Dios a quien acababa de conocer proporcionaría una manera para cuidar de su familia de 10 hijos, ¿pero cómo? Su hermano Ananda también se convirtió en creyente cristiano y poco después condujeron a su tercer hermano a la fe en Jesús. Los hermanos entraron en el rebaño cristiano pero perdieron su lugar en su pueblo.

"Vengan a Washim; todos ustedes son bienvenidos aquí", dijeron los misioneros. Ananda aceptó su oferta, se trasladó a Washim, hizo un hogar para su familia y encontró un trabajo.

Otro hermano escuchó la voz de Dios. "Creo que Dios quiere que aprenda cómo compartir las buenas nuevas de Jesús. Iré a la escuela bíblica que los nazarenos han comenzado en Buldana y estudiaré para ser predicador".

Pero Shravan dijo: "Creo que Dios quiere que me quede en Paradh y viva para Él aquí". Por tanto, a pesar de la animosidad local y de ser despojado de sus derechos de propiedad por su familia, Shravan se quedó. No fue fácil, pero encontró trabajo cuidando ganado y como jornalero, ganando apenas lo suficiente para sostener a su gran familia a un nivel mínimo de subsistencia. Pero tenía ambiciones para sus hijos.

Dos de sus hijos estudiaban en la escuela del pueblo. Tres de sus hijos fueron a la escuela nazarena en Chikhli, donde vivían en la residencia de estudiantes para muchachos, y completaron el séptimo grado. Otro hijo, Rajaram, no fue a la escuela sino que comenzó a trabajar reuniendo ganado para los aldeanos. Fue severamente castigado cuando una vaca se escapó al bosque. Él pensó: "¡Debe de haber algo mejor que esto para mí!"

El momento decisivo para Rajaram llegó cuando tenía 14 años de edad. Él se quejó a su padre: "Mis hermanos han ido a la escuela y yo también quiero aprender". No había oportunidad para él en Paradh, así que finalmente dejó el pueblo y fue a Washim donde vivió con su tío. Una de sus tareas incluía trabajar para el misionero Willis Anderson como jardinero. Pero él nunca fue a la escuela, ¡hasta que por fin un día su esposa le dio clases en casa!

Un misionero le aconsejó: "Rajaram, ya tienes 20 años; es tiempo que te ayudemos a conseguir una esposa". Le presentaron a Panchafulla, cuya familia era parte de la comunidad nazarena en Washim. Su padre era un carpintero analfabeto, pero había insistido en que sus hijas recibieran una educación. Ella había estudiado en una escuela privada hasta el séptimo grado. Sus dos hermanas estaban en el internado nazareno en Chikhli.

Rajaram Dandge

Rajaram y Panchafulla se casaron y vivieron en el complejo habitacional nazareno. Tuvieron cinco hijos; todos nacieron en el hospital Reynolds Memorial y todos fueron al internado en Chikhli. Sunil nació en 1964.

Panchafulla trabajó para pagar las cuotas del internado en Chikhli, hasta para tres de sus hijos a la vez. Ella era cocinera, y a lo largo de los años trabajó para muchos médicos y enfermeras nazarenos muy conocidos. Rajaram realizaba muchas tareas para la misión: Iba al mercado, hacía la jardinería... lo que fuera necesario.

La oportunidad de vivir cerca de sus hijos llegó en 1975 cuando los misioneros Bronell y Paula Greer pidieron a los Dandge que se trasladaran a Chikhli para ayudarles. Se mudaron a una pequeña casa abandonada, de más de 100 años, con piso de tierra y vivieron allí 30 años. Aunque limpiaban la casa, nunca se libraron totalmente de las cobras.

Sunil se trasladó al otro lado de la calle del campus de la escuela y continuó con su educación. Se graduó de la escuela nazarena y después estudió en una universidad pública en Chikhli. En 1984 se matriculó en la Escuela Bíblica del Sur de la India, graduándose cuatro años después como licenciada en teología. Enseñó en la Universidad Bíblica Nazarena (UBN) en Washim por dos años y después fue al Seminario

Bíblico Unión en Pune para obtener una licenciatura en divinidades. Entonces enseñó en UBN otros dos años antes de enseñar en Yeotmal durante un año en una escuela de formación misionera.

¡Sí, formación misionera! Sunil sentía cada vez más fuerte que Dios le estaba guiando al servicio misionero. En la India eso no requiere salir del país. A lo largo de los años él había visitado varios campos misioneros en diferentes partes del país. Varios grupos misioneros le pidieron que considerase servir como misionero con ellos.

En 1991 Sunil se trasladó a Bombay y comenzó a pastorear. Su superintendente de distrito, Diwakar Wankhede, le aconsejó: "Sunil, es tiempo que tengas una esposa. Te ayudaré".

Con la ayuda de uno de sus pastores, Diwakar encontró a una joven que asistía a la Iglesia del Nazareno Nikhroli en Bombay. Sarah era la hija del pastor de una pequeña iglesia independiente. Era maestra de la escuela dominical y estaba activa en el grupo de jóvenes. Se conocieron cuando Sunil ayudó con la escuela bíblica de vacaciones en la iglesia de ella durante dos veranos consecutivos. Diwakar se reunió con los padres de los dos para negociar los términos de su matrimonio. Llevó un año, pero finalmente se casaron en octubre de 1992. Fue hasta entonces cuando realmente tuvieron oportunidad de conocerse el uno al otro. Según la típica costumbre india, su romance siguió al matrimonio.

El trabajo pastoral de la pareja era gratificante y su iglesia estaba creciendo, pero Dios seguía hablando a Sunil sobre su llamado misionero. Entonces el misionero John Anderson contactó a Sunil desde Calcuta.

"Sunil, este es un lugar difícil, no es lugar para los pusilánimes. Pero quiero que considere si Dios podría estar llamándole a unirse a mí para llevar el evangelio al pueblo bengalí y establecer la iglesia aquí. ¿Orarás al respecto?"

Sunil y Sarah oraron. Oraron durante seis meses.

Como parte del programa Avance a las ciudades, en 1991 la Iglesia del Nazareno fijó como objetivo Calcuta. El director regional, Franklin

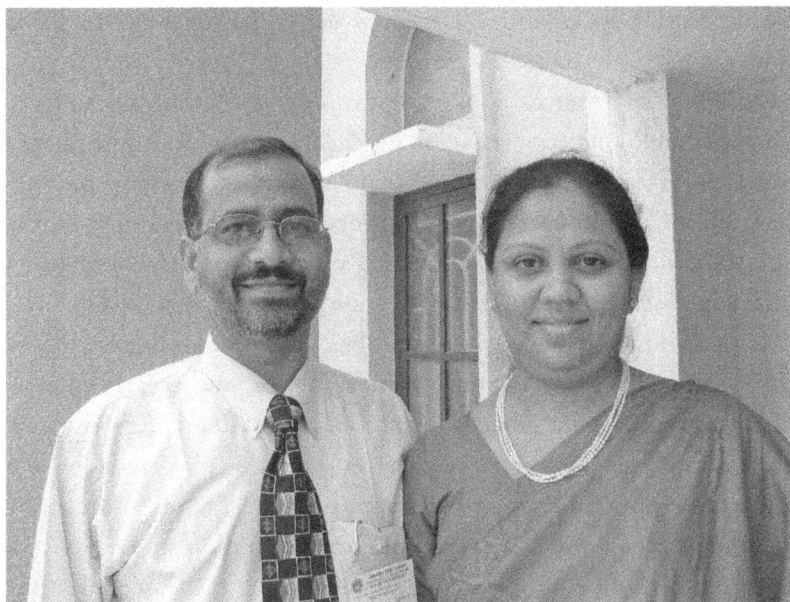

Sunil y Sarah Dandge

Cook, en 1992 asignó a John y Doris Anderson a que se trasladasen allí desde Delhi para comenzar la nueva obra. El trabajo estaba aún en las etapas iniciales, y comparado con el modo en que la iglesia de los Dandge en Bombay estaba creciendo, Calcuta no parecía ser un lugar atractivo donde servir. Significaba estar lejos de su familia y aprender un nuevo idioma, nuevas costumbres y una nueva cultura: Todos los desafíos que cualquier misionero afronta.

Después de seis meses de buscar la voluntad de Dios y recibir poco aliento por parte de la gente, Sunil y Sarah respondieron al llamado. La paz que había en sus corazones confirmó que ese era el plan de Dios para ellos.

Sarah casi nunca había salido de Bombay en toda su vida. Ahora, con un niño de un año de edad atravesaron el subcontinente hasta el este de la India. Pasaron tres meses en la escuela de idiomas. Ellos ya hablaban inglés, maratí e hindi en su hogar, y ahora aprendieron bengalí. Sunil pasó por una transición de ser pastor a ayudar a John Anderson a formar a nuevos pastores.

En sus dos primeros años de trabajo en la región, los Anderson habían plantado una congregación en Calcuta y varias congregaciones rurales en la zona circundante. Mientras que establecían una nueva iglesia en su propio barrio, Sunil viajaba continuamente ayudando a John Anderson a establecer el distrito y a realizar el trabajo legal, financiero, educativo y administrativo que acompaña a la misión. Dios bendijo sus esfuerzos y la obra creció con rapidez. Sudipta Behera, un recién graduado de la escuela bíblica, se convirtió en el primer pastor en Calcuta y más adelante en superintendente de distrito. La mayoría de las denominaciones se enfocaban en las ciudades, pero había mayor oportunidad en los distritos rurales. Sunil y John trabajaron duro en esas zonas desatendidas, encontrando a muchos jóvenes adultos con buena educación que escuchaban su mensaje. Situaron la oficina del distrito cerca de Serampore, donde 200 años el trabajo de William Carey estuvo centrado. Aún después de dos siglos de testimonio cristiano, permanecía una fuerte oposición al cristianismo, en particular en Calcuta (ahora llamada Kolkata) y en Orissa. Sin embargo, ellos encontraron a personas que cuestionaban su fe tradicional y estaban abiertas al evangelio. Los comunistas habían gobernado el oeste de Bengala durante los últimos 30 años y habían debilitado el dominio del hinduismo en las zonas rurales, eliminando muchos de los ídolos de lugares públicos y cerrando cines hindúes.

En un periodo de dos años, Sunil bautizó a 13 convertidos en su propio barrio. Dios levantó un grupo de jóvenes pastores que ministraban bien pero necesitaban formación adicional. En 1995 el distrito fue organizado con casi 100 iglesias. John Anderson sirvió como superintendente de distrito durante dos años hasta que se retiró y Sunil fue nombrado para el puesto.

La obra se extendió hacia los alrededores. Cuando la película JESÚS llegó a la India, equipos de evangelistas llevaron la historia a muchos pueblos, mostrando la película a miles, discipulando a cientos de convertidos y estableciendo docenas de iglesias.

La Escuela Bíblica Nazarena en Washim cerró en 1998, por lo que se hicieron nuevos planes para la formación de pastores para Asia del Sur. Poco tiempo después, Sunil se convirtió en el director de la Escuela Bíblica Nazarena de Asia del Sur (EBNAS) y se trasladó con su familia a Bangalore. Él designó escritores de currículo, reclutó maestros y estableció centros satélites por toda la región. Poco tiempo después, 1,500 alumnos se habían matriculado y en el año 2006 se graduó la primera promoción.

El actual capítulo en la vida de Sunil comenzó en enero de 2008 cuando fue nombrado coordinador de estrategia de área, llevando al área de la India bajo el liderazgo nacional. Su nombramiento abre una nueva era no sólo para Sunil Dandge sino también para toda la Iglesia del Nazareno en la India.

5 ❧ Del pueblo a la ciudad
La historia de Wankhede

Diwakar, de ocho años de edad, se agarraba con fuerza a la cintura de su padre mientras su caballo avanzaba lentamente por el camino hasta el pueblo que estaba a unos pocos kilómetros de distancia. El muchacho sabía lo que le esperaba, porque él y sus hermanos mayores habían compartido esa aventura con su padre predicador muchas veces. La recepción de los aldeanos iba desde tranquila hostilidad hasta amigable curiosidad mientras el muchacho y su padre encontraban un claro y comenzaban a levantar la tienda. Entonces Haribhau, el predicador, hablaba a los aldeanos.

"¡Vengan esta noche y dejen que les hable de las buenas nuevas! Ya no tienen que vivir más con miedo a los dioses y a lo que ellos les harán si ustedes no les agradan. No tienen que seguir llevando sacrificios a sus dioses de piedra ni orar para que ellos bendigan sus campos en lugar de quemarlos con el sol o inundarlos con las lluvias monzónicas. Hay un Dios verdadero que les ama. ¡Permítanme decirles quién es Él!"

El predicador recorría las estrechas carreteras llenas de profundos baches, viajando de un humilde hogar a otro para invitar a los lugareños. Diwakar le seguía, sabiendo que algunos escucharían con cortesía a su padre pero la mayoría le daría la espalda rechazando su petición.

Cuando llegó la noche, unos cuantos aldeanos se acercaron tímidamente a la tienda y se sentaron en el piso con las piernas cruzadas. Entre ellos estaban algunos familiares de Haribhau. Sentían curiosidad por su religión cristiana. Ya que le habían observado a lo largo de los años y habían visto cómo vivían él y su familia. Ellos reconocían su amabilidad con sus seis hijos y con Jayawanti, su esposa. Había algo diferente en aquellos que seguían a quien se llamaba Jesucristo, el hijo del Dios verdadero. Escucharon con atención a Haribhau, queriendo entender…

Los familiares y amigos de Haribhau habían estado allí aquella noche en la aldea de Eklara, cantando y aplaudiendo mientras Haribhau y Jayawanti danzaban siete veces alrededor de la fogata. Finalmente, en el momento preciso determinado por el sacerdote tras haber consultado a las estrellas y a los dioses, la pareja se situó delante del sacerdote cuando él tomó la cinta sagrada y ató el dhoti del novio al sari de la novia. Los dioses ahora verían con favor su matrimonio y les darían buena fortuna.

Jayawanti dejó su casa en Eklara y se mudó a la casa de los padres de Haribhau en Yeota, poniéndose bajo la autoridad de su suegra. Los rituales y las costumbres establecidos por su cultura hindú durante miles de años dictaban su vida familiar. Para ellos sería igual que había sido para incontables generaciones que les habían precedido. Ellos poseían tierras, pero eran pobres, y estaban acostumbrados al brutal rechazo que soportaban de gran parte de su sociedad.

A unos nueve kilómetros de Yeota, en la ciudad de Chikhli, había un grupo de extranjeros, gente blanca que iba de aldea en aldea predicando sobre su cristianismo. Aquellos misioneros habían estado allí unos 15 años y parecían muy extraños. La dificultad que tenía la mayoría de ellos para hablar maratí y tratar de hacerse entender hacía que su religión pareciese mucho más inaceptable para la mayoría de hindúes.

Sin embargo, había algo extrañamente atractivo en aquellos extranjeros. Ellos batallaban por expresar el amor de Dios en un idioma que les resultaba increíblemente difícil aprender; pero sus actos hablaban elocuentemente cuando abrazaban a aquellas sencillas personas que siempre habían encontrado mucho más rechazo que aceptación. ¿Significaban sus actos de amor que, de hecho, había un Dios amoroso que había enseñado a su pueblo a comportarse de ese modo?

A pesar de sus innatas sospechas, Haribhau y Jayawanti se vieron atraídos hacia aquellos misioneros. Willis (John) y Mary Anderson visitaban su aldea con frecuencia. Muchos miembros del clan Wankhede escuchaban y observaban.

Finalmente llegó el día en que varios miembros de esta familia, incluyendo a Haribhau y Jayawanti, dijeron a los Anderson que habían decidido abandonar su fe hindú y seguir el cristianismo.

Cuando la familia de Jayawanti escuchó eso, no les agradó para nada. De hecho, cuando Jayawanti regresó a Eklara de visita, sus padres la mantuvieron en su casa durante seis meses, negándose a permitirle reunirse otra vez con su esposo. Finalmente, familiares de Haribhau les convencieron de que ella no había hecho nada malo al acercarse al cristianismo.

Los misioneros entonces comenzaron a enseñar a los nuevos convertidos sobre tener una relación con Jesucristo. Eliminar los temores y las supersticiones del hinduismo que dominaban cada aspecto de la vida, requería tener el poder de un conocimiento personal de Jesús.

Un día, Haribhau le dijo a Jayawanti: "He estado orando mucho por esto y creo que Dios quiere que dejemos la agricultura y nos preparemos para predicar acerca de Jesús".

Abandonaron la granja y se mudaron al pueblo cercano de Buldana, donde se matricularon en la Escuela Nazarena de Formación Bíblica. Los dos estaban entre los pocos que habían asistido a la escuela, completando una educación de cuarto grado. En tres años terminaron su formación bíblica y la misión los asignó a pastorear la diminuta iglesia en Amuna. Para ese entonces ellos tenían dos hijos y una hija.

Nunca fue fácil. A lo largo de los siguientes 15 años, mientras otros tres hijos se añadieron a la familia, Haribhau proclamó fielmente el evangelio. Uno tras otro, sus hijos fueron al internado nazareno en Chikhli y después a la secundaria pública en Buldana, donde vivían en la residencia nazarena para estudiantes.

Al ir de aldea en aldea a caballo, Haribhau siguió el patrón que había sido establecido por los misioneros. Durante una semana en una aldea y después en otra, él levantaba su tienda y predicaba noche tras noche. Miembros de su clan estuvieron entre los primeros que respondieron favorablemente a su evangelismo. Los domingos iban caminando o en carretas de bueyes desde sus casas y aldeas para reunirse en su iglesia, donde les enseñaba los caminos de Dios. Lentamente y con firmeza, el cuerpo de Cristo crecía.

En 1958 Haribhau enfermó gravemente de neumonía. Al conocer la gravedad de la enfermedad, Jayawanti reunió a la familia para orar; pero la lucha de un mes de duración finalmente terminó, y su querido padre y pastor se fue para estar con su Señor.

¿Qué haría la familia ahora? Madhukar, su hijo mayor, regresó a casa de la universidad para mantener a la familia. Diwakar, que ya tenía nueve años de edad, continuó en la escuela junto con sus hermanos. Finalmente se graduó de secundaria en Buldana. Madhukar, a la vez que trabajaba para sostener a su familia, terminó sus estudios en la universidad y comenzó a enseñar.

Debido a que Diwakar había mostrado que tenía mucha promesa como estudiante de secundaria, fue alentado a seguir estudiando; por tanto, se mudó a Aurangabad donde se matriculó en un curso empresarial en una universidad privada, graduándose a los tres años con una licenciatura en comercio. Después estudió en la Universidad Marathwada en Aurangabad, y en 1972 obtuvo una maestría. Fue el tercer nazareno en la India que obtuvo un posgrado. El fiel apoyo de sus hermanos lo hizo posible.

Diwakar comenzó su carrera empresarial como oficial laboral en un gran hotel de cinco estrellas y se encontraba en una crisis espiritual que le llevó a un importante punto crucial en su vida. Su ambición de tener éxito como ejecutivo hotelero le obligó a comprometer sus principios de ética cristiana. Cuando atendía a oficiales del gobierno y otra clientela del hotel, se permitía participar en actividades que eran contrarias a todo lo que le habían enseñado. Él era presidente de jóvenes en la Iglesia del Nazareno en Aurangabad, estaba fielmente involucrado en todas las actividades de la iglesia y era respetado por todos como líder cristiano laico. Pero él se sentía como un hipócrita.

Finalmente, se postró en oración. "Dios, ya no puedo seguir viviendo sin conocerte de forma más personal. No puedo seguir viviendo de una manera delante de mis amigos cristianos y de otra en el trabajo. Por favor, querido Dios, toma mi vida. Confieso mis pecados y te ruego que me perdones. Renuncio a todos mis hábitos que no son agradables a ti".

Dios respondió misericordiosamente la oración de Diwakar. Él entonces reconoció que Dios tenía otros planes para su vida.

Sus compañeros de trabajo en el hotel notaron el cambio. "Diwakar, algo te ha sucedido. No estuviste en la fiesta de anoche. ¿Qué sucede?", le decían. Sin embargo, él seguía siendo tímido para declarar con valentía su fe cristiana. Fue a ver a Padu Meshramkar, director de la escuela bíblica en Washim y coordinador de formación pastoral. "Padu, ¿qué debo hacer? Cada vez es más claro que Dios no quiere que me quede en el negocio hotelero. Yo tengo formación para una carrera de negocios, no para el ministerio; sin embargo, siento que Dios me está llamando a ser pastor".

Con el apoyo de la misión, se matriculó en el Seminario Bíblico del Sur de la India (SBSI). Uno de sus profesores se tomó un particular interés en Diwakar, escudriñándolo en cuanto a la profundidad de su relación con Dios. "Pero, profesor, me han enseñado santidad toda mi vida; la vi en mi padre y en las vidas de los misioneros. Y la razón de que estoy aquí en el seminario es que le pedí a Dios que Él tomase todo el control de mi vida".

Bajo la gentil guía de su profesor, Diwakar llegó a entender que Dios tenía incluso más para él. Finalmente oró: "Espíritu Santo de Dios, soy tuyo completamente. Ahora te pido que limpies por completo mi corazón. Te entrego mi vida, mis afectos, mi destino". ¡La gracia santificadora de Dios ahora era de él!

Después de un año en SBSI, Diwakar sintió que sería mejor trasladarse al Seminario Bíblico Unión en Yeotmal, donde podría participar en estudios más avanzados. Buscando dirección, acudió a la Dra. Orpha Speicher, directora de la misión y superintendente del hospital Reynolds Memorial en Washim. Ella enseguida le alentó. "Diwakar, la misión no ha hecho esto nunca antes, pero recomendaré al concilio que sigamos apoyándote mientras estudias en el seminario a tiempo completo". El concilio de la misión estuvo de acuerdo. Después de su graduación en 1979, él declinó una invitación para enseñar en la Universidad Bíblica Nazarena en Washim, sabiendo que Dios le había llamado al ministerio pastoral.

El misionero Bronell Greer le desafió: "Diwakar, usted sabe que yo me trasladé a Bombay hace un año y comencé allí una Iglesia del Nazareno. Tenemos 19 miembros, todos ellos nazarenos del este de Maharashtra. Ellos están listos para que usted venga y sea su pastor".

Diwakar, siendo aún soltero, se mudó a aquella diminuta congregación situada en medio de una de las ciudades más grandes y con más densidad de población del mundo, donde la mitad de la población (ahora 16 millones) vive en barrios marginales. Este hijo de un pastor de aldeas rurales ahora llevaba la antorcha de su padre a un mundo urbano con abrumadores desafíos.

Pero Dios sabía que no era bueno que este nuevo pastor ministrase solo. El cuñado de Diwakar, Silas Salve, pastor nazareno en Khandala, conocía a una familia anglicana que visitaba su iglesia de vez en cuando. Él pensó: "Su hija, Ujwala, ¡sería perfecta para Diwakar!" Diwakar dudaba, pero Silas se reunió con los padres de ella y arregló una reunión con Diwakar. Finalmente, el hermano mayor de Diwakar, Madhukar, se reunió con los padres de Ujwala, dando su bendición y obteniendo el consentimiento de ellos. A los 30 años de edad, Diwakar se casó con Ujwala en octubre de 1979, llevándola a su pequeña casa pastoral alquilada. Fue la primera de nueve casas alquiladas hasta 1986, cuando la iglesia finalmente compró un apartamento para ellos. En 1980 tuvieron una hija, Stuti, y un hijo, Stawan, en 1982.

La pequeña iglesia creció. Durante los cinco primeros años, Diwakar solamente tenía sus pies como medio de transporte hasta que por fin pudo conseguir una moto. Ni siquiera tenía la pequeña cantidad necesaria para moverse en tuc tuc. Ujwala llevaba en sus brazos a sus bebés mientras caminaba con su esposo para visitar a los prospectos y miembros de su congregación. Alcanzaron a cristianos que se habían mudado a su barrio y les quedaba lejos sus iglesias. Diwakar y su congregación realizaban una caminata de oración anual que, en las primeras horas de la mañana, les llevaba a recorrer las calles de sus barrios sosteniendo velas, orando y citando las Escrituras. Algunos hindúes que los oían se acercaban para preguntar. El fiel evangelismo y la enseñanza de Diwakar sobre la santidad llevó a la congregación a aumentar hasta 85 personas en 1990. Cuando su iglesia fue declarada, de manera repentina e inesperada, de sostén propio, estuvo a la altura del desafío.

Pero no todo fue bien. Había fuerzas en juego que produjeron un gran desánimo a Diwakar y sus compañeros pastores nazarenos. Le ofrecieron un puesto de liderazgo en una agencia cristiana, y fue profundamente tentado a aceptar hasta que Dios reafirmó su llamado pastoral.

6 ✐ De la ciudad al distrito

En 1990 Diwakar Wankhede fue nombrado superintendente del distrito de Maharashtra occidental. Fue abrumador, pues él seguía pastoreando su iglesia a la vez que se ocupaba de la responsabilidad adicional de guiar un distrito que estaba desalentado. Su distrito incluía 13 pastores e iglesias situadas solamente en las ciudades de Bombay (ahora Mumbai) y Pune, con una membresía total de 660; eso en medio de una numerosísima población de decenas de millones. Su moto no podía recorrer las largas distancias, y por eso él pasaba mucho tiempo en trenes.

A medida que esperaba delante de Dios, las prioridades de Diwakar vinieron a ser más claras y urgentes: (1) él debía reconstruir la moral de su distrito y esforzarse por obtener unidad entre los pastores, (2) debía establecer nuevas iglesias, ya que en los seis años anteriores no se había comenzado ninguna, (3) debía elevar el nivel de apoyo financiero para los pastores, (4) debía conseguir nuevos pastores, y (5) debía dirigir a los jóvenes para que se preparasen para el ministerio.

Diwakar inmediatamente comenzó a reunirse una vez al mes con sus pastores, y juntos oraban, se alentaban los unos a los otros, participaban en la reconciliación y escuchaban a oradores especiales que les llevaban mensajes de desafío y aliento. A la vez que él pastoreaba su congregación local, también pastoreaba a sus pastores.

Diwakar instó al establecimiento de nuevas iglesias, tanto por la exhortación como por el ejemplo. Enseñó a sus pastores a establecer nuevos puntos de predicación en hogares relacionados con sus iglesias. Mediante el esfuerzo de alcance de su propia iglesia, estableció cinco grupos celulares en partes muy separadas de Mumbai y viajaba en tren para ministrarles regularmente. Comenzó una congregación en lengua inglesa en su propia iglesia. Ya llevaba 12 años como superintendente antes de que una importante donación estadounidense le permitiese comprar un auto. Pero a pesar de todas las dificultades, Dios bendijo su visión y cada año surgían de cinco a seis nuevas iglesias. La formación de tres equipos evangelísticos de la película JESÚS en su distrito llevó la historia del evangelio a muchas aldeas. Cientos de personas confesaron a Jesús como Salvador, resultando en la organización de muchas nuevas iglesias, todas ellas pastoreadas por nuevos cristianos jóvenes.

Diwakar comenzó entonces a visitar los Estados Unidos, recaudando fondos que le permitieron elevar el nivel de sostén para sus pastores. Se reunió con las juntas de iglesias de sostén propio, instándoles a pagar a sus pastores un salario suficiente.

El distrito necesitaba urgentemente nuevos pastores. Algunos ministros nazarenos de segunda generación y con buena formación del este de Maharashtra estuvieron disponibles. Pastores de otras denominaciones tradicionales también se interesaron por las oportunidades pastorales disponibles, y los que abrazaron la doctrina nazarena y testificaron de una experiencia personal de santificación fueron cuidadosamente guiados a lugares de servicio.

De su congregación, 18 jóvenes adultos han comenzado una preparación formal para el ministerio después de haber obtenido licenciaturas seculares avanzadas. Diwakar les hizo ver el valor de tener una educación adecuada para el ministerio, a fin de poder servir con más eficacia.

En el año 2008 el distrito de Maharashtra oeste informó de una membresía de 5,600 personas en 107 iglesias, y en el año 2009 fue declarado totalmente de sostén propio. La membresía del distrito actualmente es casi igual a la membresía total nazarena en toda la India en el año 1990.

Pero eso es sólo parte de la historia.

"Pastor Diwakar, yo pastoreo una iglesia independiente en la aldea de Bajipura aquí en Gujarat. Dios nos está bendiciendo, y estamos viendo a muchos nuevos cristianos uniéndose a nuestra iglesia. Creemos lo que la Iglesia del Nazareno enseña. ¿Consideraría usted permitirnos que nos unamos a su denominación?"

Esa conversación abrió la puerta a un nuevo campo de ministerio en el estado de Gujarat, al norte de Mumbai. A medida que la iglesia en Bajipura creció hasta tener una membresía de 550 personas, se organizaron más iglesias en aldeas vecinas, principalmente mediante proyecciones de la película JESÚS. Es un área desafiante, ya que el idioma gujarati es muy diferente del maratí, y se hablan otros dialectos en las aldeas. El nivel de educación no es elevado, y líderes laicos locales pastorean las nuevas iglesias.

Entonces sobrevino un desastre. A las 8:46 a. m. del viernes 26 de enero de 2001, un masivo terremoto de 7.9 grados en la escala de Richter sacudió el noroeste de Gujarat durante 30 segundos. El número de víctimas mortales fue aumentando hasta alcanzar proporciones terribles. Se cree que al menos 30 mil personas murieron en el terremoto. Aproximadamente 55 mil personas resultaron heridas, y más de un millón se quedaron sin hogar.

Unos pocos días después de la tragedia, Diwakar y Padu Meshramkar visitaron la zona con el Dr. Gary Morsch de Heart to Heart International en Olathe, Kansas, y Hermann Gschwandtner, coordinador regional de Asia del Sur para Ministerios Nazarenos de Compasión (MNC). Pronto llegó un avión cargado de ayuda humanitaria de Heart to Heart. Diwakar pasó un mes en la zona del desastre con miembros de su distrito distribuyendo ayuda. Humedica, una organización alemana de ayuda humanitaria, contactó al Dr. Hermann y colaboró con MNC para reconstruir siete escuelas en la zona. Cuando las escuelas fueron terminadas seis meses después, fueron entregadas a las autoridades locales y a todas ellas se les puso el nombre "Nazarena".

Varias de aquellas aldeas querían que los nazarenos comenzasen escuelas de primaria de habla inglesa. Se eligió la aldea de Samakhiyali, y Humedica patrocinó la construcción de un edificio de tres salones de clase que abrió con 140 alumnos de primer grado, todos ellos bajo la enseñanza de nazarenos del distrito de Maharashtra occidental. Un nuevo grado se añade cada año. Se ha organizado una Iglesia del Nazareno en la aldea, la única en esa parte del estado. Eso fue un desafío imprevisto, pero los nazarenos indios han respondido con un entusiasta apoyo.

En 2005 el número de Iglesias del Nazareno en Gujarat llegó a un total de 15. Nitin Chaudhari, tras aprender inglés, es el primer pastor gujarati que entra al seminario (en SBSI), pero la mayoría de los demás aún necesitan formación pastoral.

Diwakar desafió a su congregación: "¿Qué quería Jesús que hiciéramos para suplir las grandes necesidades de las familias de los barrios marginales a nuestro alrededor? ¿Nos atrevemos a seguir esforzándonos por satisfacer sólo nuestras propias necesidades mientras hacemos muy poco por satisfacer las necesidades de 'los más pequeños'?"

En 1997 la congregación respondió a la visión de su pastor y comenzó un ministerio de escuela dominical con 125 niños. Jóvenes nazarenos comenzaron a ayudar a aquellas familias a limpiar su vecindad en el barrio marginal, ocupándose de aguas negras, basura y otras amenazas para la salud. Enfermeras nazarenas comenzaron a realizar chequeos médicos. La iglesia asignó fondos para proporcionar a los niños ropa, regalos de Navidad y medicinas.

Con el apoyo del Dr. Hermann de MNC, se compraron máquinas de coser para establecer una escuela de sastrería en el barrio. El distrito comenzó un programa de nutrición y estableció un fondo revolvente para comenzar pequeños negocios, clases de alfabetización, guarderías, programas de concientización del SIDA y otros esfuerzos de salud comunitaria. Actualmente, sólo el programa de nutrición recibe fondos de MNC.

Alentadas por el distrito, las iglesias locales han establecido ministerios en tres barrios marginales en Mumbai y una en Pune. Se estableció una Iglesia del Nazareno en uno de los barrios marginales. Poco después obtuvieron un terreno y establecieron un orfanato.

El cristianismo en la India tiene una larga tradición de demostrar el amor de Jesús mediante instituciones de compasión. Miles de personas están recibiendo ayuda a medida que nazarenos indios continúan con esa tradición que salva vidas.

Actualmente, una tercera generación Wankhede está tomando la antorcha. Stuti se graduó de la Universidad Teológica Nazarena en Manchester y realizó otro año más de estudios en educación cristiana. Ella se convirtió en la primera mujer ordenada en la India y Asia del Sur. Después sirvió en Mumbai como parte del personal de una agencia de justicia internacional que rescata a jóvenes muchachas de la prostitución, lo cual es un desafío impresionante, ya que 300 mil prostitutas viven en Mumbai, la mayoría de ellas entregadas a la "profesión" por sus desesperadas familias pobres. Stuti comenzó una maestría en trabajo social en la Universidad Nazarena del Noroeste (UNN) en los Estados Unidos, pero después regresó a Mumbai donde se casó con un dentista cristiano. Ellos ahora tienen un nuevo bebé. Desde entonces, Stuti ha regresado a la UNN, donde ahora está terminando su maestría.

Stawan se graduó de la Universidad Nazarena Canadiense y ahora sirve con Mustard Seed, un ministerio hacia los sin hogar en Calgary, antes de continuar con otros estudios. Sammy, una muchacha que fue adoptada en la familia cuando tenía 10 años de edad, ha terminado la secundaria.

7 ✐ La historia de Gaikwad

El bebé estaba gravemente enfermo. La enfermedad había invadido la aldea y muchos ya habían muerto. No había ayuda médica disponible. Día tras día, el niño con mucha fiebre se aferraba débilmente a la vida, pero no parecía haber posibilidad alguna de que viviese. "¡Yashoda, déjalo ya!", oyó la madre del bebé. "¿Cómo puedes esperar que tu Dios lo sane? Es mucho mejor para ti que utilices tus fuerzas para preparar su entierro. Después de todo, tienes tres hijos mayores que cuidar".

Pero Yashoda no entregaría a su bebé a las garras de la muerte. Una y otra vez ella acudía delante de Dios en oración: "Dios, te dedico este bebé. Puedes llevártelo si quieres, pero si sobrevive, te lo entrego para que te sirva".

Las oraciones de Yashoda habían levantado durante muchos años un muro de seguridad alrededor de sus hijos. Abandonada cuando era niña, fue criada en un orfanato metodista y en su infancia entregó su corazón a Jesús. Asistió a la escuela de la misión hasta 1908 cuando se casó con Tukaram Gaikwad, el único hijo de una familia recién convertida. Aún era adolescente cuando nació el primero de sus hijos, y pronto fue seguido de otros tres.

¿Sobreviviría el cuarto? Los vecinos no lo creían, pero Yashoda siguió orando hasta que obtuvo el milagro que esperaba. La fiebre bajó, ¡y el bebé sobrevivió! Cumpliendo su promesa, ella le puso el nombre de Suwartik, que significa "evangelista".

Para cuando Suwartik llegó a la adolescencia, la familia había rentado una pequeña granja de trigo enfrente del hospital de la misión en Basim. Un día, cuando el trigo estaba listo para la cosecha, se acercó una oscura y furiosa tormenta de granizo con vientos huracanados. Tukaram gritó: "¡Aquí viene! Nuestra cosecha quedará destruida. ¿Cómo sobreviviremos?"

De nuevo, Yashoda recurrió a la oración mientras rugía la tormenta. "Señor, salva nuestro campo o lo perderemos todo". Durante 30 largos minutos soplaron los vientos, la lluvia y el granizo cayeron con furia. ¿Cómo podía sobrevivir algo a aquello?

Finalmente la tormenta se alejó. "Salgamos a nuestro campo y veamos lo que hemos perdido". Salieron... ¡y vieron que su trigo permanecía en pie! Apenas unas cuantas gotas de agua habían caído en su pequeño terreno.

Suwartik casi no pudo contenerse. "¡Sí hay un Dios vivo! ¡Él sí cuida de nosotros!" Poco después, él fue salvo bajo la predicación de May McKay y dedicó su vida a Jesús. A su tiempo, él entendió que Dios ciertamente le llamaba al servicio pastoral. Su madre había orado por eso a lo largo de los años y con frecuencia le recordaba a Suwartik la promesa que ella le había hecho a Dios.

Suwartik se graduó de la escuela pública en Washim. Después llevó a su esposa, Anandi, y a sus dos hijos con él cuando se matriculó

Suwartik Gaikwad

en el Seminario Bíblico del Sur de la India (SBSI). Con el apoyo de la misión nazarena, después de cuatro años obtuvo una licenciatura en teología.

Después de ser pastor durante varios años, Suwartik fue elegido superintendente de distrito y sirvió en ese puesto durante 22 años. Al mismo tiempo pastoreó la Iglesia del Nazareno en Aurangabad. Su piadosa paciencia y capacidad de liderazgo fueron probadas frecuentemente mientras guiaba su distrito por aguas turbulentas.

Otro hijo, Vinay, llegó en 1960.

Vinay nunca estuvo seguro de apreciar el haberse criado en la casa de un pastor. Durante su adolescencia pudo disfrazar su verdadero estado espiritual, pero a los 19 años de edad supo en su corazón que estaba lejos de Dios. En 1979 había programada una reunión de avivamiento en la iglesia de su padre. Él no tenía verdadero deseo de asistir, pero había prometido cantar en el coro y tocar un instrumento. Al final del sermón del evangelista, Vinay se puso en pie con la intención de salir de la iglesia cuanto antes.

Pero las oraciones de su abuela seguían obrando. En lugar de salir por la puerta, se dio la vuelta, y agarrado por el Espíritu de Dios, corrió al frente y se arrodilló en el altar. Su corazón estaba quebrantado. Oró y clamó a Dios: "¡Perdóname! Entra en mi corazón. Hazme lo que he estado fingiendo ser".

¡Dulce alivio! Vinay supo en ese instante que su vida había cambiado para siempre. Ahora seguiría el plan de Dios para él.

La siguiente noche el evangelista predicó sobre el tema del llamado de Dios. Vinay estaba clavado en su asiento sabiendo que Dios le estaba hablando. Se acercó al evangelista al día siguiente con sus preguntas: "¿Qué significa todo esto? ¿Qué debo hacer?" El evangelista respondió: "Dios te está llamando al ministerio, ¡obedécele!"

Cuando Vinay se lo dijo a su familia, su padre se regocijó. Sus hermanas dudaban, pues no habían sido engañadas por sus anteriores profesiones y le preguntaron: "¿Por qué quieres entrar al ministerio?"

Vinay respondió: "A pesar de todo, no tengo duda alguna de que Dios me está llamando y debo obedecer".

Pasó los cinco años siguientes terminando sus estudios universitarios, después asistió a SBSI durante un año. Sin embargo, deseaba tener más formación para poder estar bien preparado para servir a Dios.

Uno de los hermanos mayores de Vinay, Ashok, se había mudado a los Estados Unidos. Después de graduarse de la Universidad Nazarena de Bethany (ahora Universidad Nazarena del Sur), estaba viviendo en el área de Kansas City. Ashok le escribió a su hermano: "Vinay, puedes venir y vivir con nosotros mientras estudias en el Seminario Teológico Nazareno". Fue una invitación que Vinay no podía rechazar. Pasó los siguientes siete años en Kansas City, Estados Unidos, trabajando en el campus para poder sostenerse. Se graduó en 1992 con una maestría en divinidades y una maestría en educación religiosa.

Vinay regresó a Aurangabad, donde sirvió durante un año como pastor asociado en la iglesia de su padre antes de convertirse en pastor principal. La iglesia en aquel entonces tenía 149 miembros. En el año 1990, bajo el liderazgo de M. V. Ingle, Aurangabad fue hecho parte del nuevo distrito Maharashtra Central. Cuando el reverendo Ingle se retiró en 2002, Vinay fue elegido superintendente de distrito. Al no querer dejar su iglesia, Vinay llegó a un acuerdo que le permitía continuar

**Vinay Gaikwad y la congregación
de la Iglesia del Nazareno en Aurangabad**

como pastor de Aurangabad a la vez que servía como superintendente de distrito.

Mientras tanto, el otro hermano mayor de Vinay, Vidu, también estudió en el Seminario Teológico Nazareno, donde en 1985 obtuvo una maestría en divinidades. Enseñó en Washim durante tres años antes de mudarse a Bombay, donde pastoreó una iglesia de otra denominación durante ocho años. Jyotsna (apodada "Jo") era una joven soltera en su congregación. Bajo la predicación de Vidu y otras influencias divinas, Jo pasó de su trasfondo de cristianismo nominal a una profunda relación con Jesús. Por su pastor ella supo acerca de su hermano, que también era pastor.

Varias personas ayudaron para unir a Jo y Vinay, y ellos tuvieron un breve encuentro. Pero antes de permitir que su relación se desarrollase más, Jo atravesó un periodo de un mes examinando su propio corazón y consultando con Dios. Cuando volvieron a verse, Jo tenía varias preguntas que sentía que Dios le había dado. Si él responde no, aunque sea a una de mis preguntas, sabré que esta relación no es la voluntad de Dios. Afortunadamente, ¡Vinay dio las respuestas correctas! Se casaron en 1994 y ahora tienen dos hijos pequeños, Vipul y Jivain.

Como superintendente de distrito, Vinay comenzó con 10 iglesias. En los años siguientes se establecieron 18 nuevas iglesias, mientras su propia congregación aumentó su membresía hasta 375 personas. Actualmente él está dando formación a equipos locales de evangelismo que regularmente viajan por Aurangabad llevando el evangelio. Las personas son atraídas por sus vivos cultos de adoración, su sólida predicación de la Biblia, el programa para jóvenes, las atractivas instalaciones y la larga estabilidad de su iglesia. En un periodo de unos meses, bautizó a 10 personas convertidas del hinduismo.

El distrito de Vinay organizó cinco equipos de la película JESÚS que no sólo evangelizan por todo el distrito, sino que también discipulan a los nuevos convertidos que se están organizando en iglesias. Los fondos de Alabastro han ayudado en la construcción de un nuevo edificio.

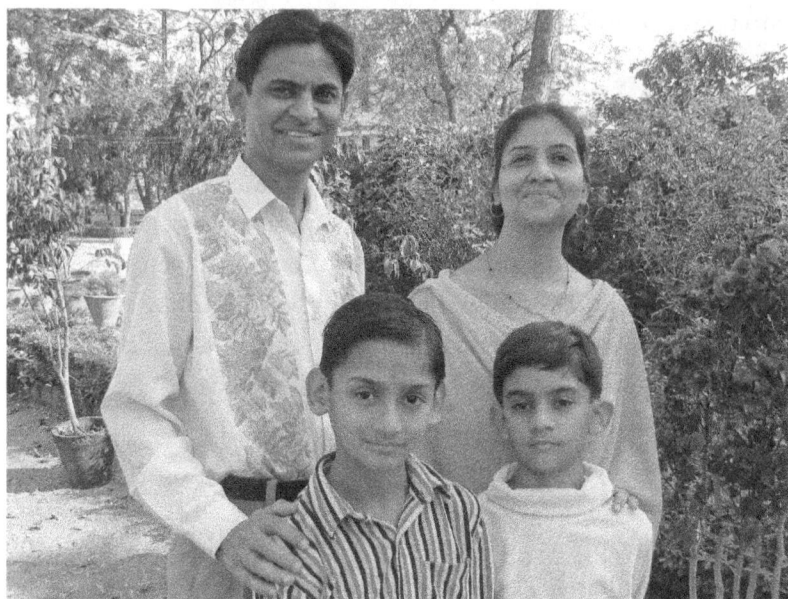

Vinay y Jyotsna Gaikwad con sus dos hijos

Vinay también es mentor de varios jóvenes nazarenos que estudian en la escuela bíblica local y le ayudan en su ministerio. Varios pastores con experiencia han acudido a él buscando lugares donde servir. Después de un periodo de formación y examen, sirven en las nuevas iglesias.

Vidu fue ordenado por la Iglesia del Nazareno en 2006 y está casado con Colleen. Tienen un hijo. Vidu ahora sirve como evangelista para el estado de Maharashtra.

8 ෨ La historia de Dongardive

Abrazando la cesta de flores entre sus brazos, Punjaji entró reverentemente en la arboleda y se acercó a la piedra sagrada. Mientras preparaba su mente en silencio para la adoración, había escalado el monte hasta este lugar familiar donde pasaría varios días en oración. Repartió las flores alrededor de la piedra y se arrodilló delante de ella. Esa era su obligación sagrada: obtener la bendición de su dios personal sobre su clan y su aldea.

Era el tiempo de la siembra. Si el dios de piedra se agradaba de su adoración, significaba que llegarían las lluvias, el sol le sonreiría a los cultivos en flor, la cosecha sería abundante y su aldea disfrutaría de suficientes alimentos para la temporada.

Era arriesgado, y siempre existía la posibilidad de que el dios no se agradara y llegara el hambre. Las aldeas vecinas algunas veces sacrificaban a un niño para asegurar el agrado de sus dioses.

Antes de regresar a su aldea, Punjaji Dongardive pasó tiempo recogiendo las hierbas que empleaba en su consulta como médico de la aldea. También era el líder religioso de la comunidad, y con frecuencia le llamaban para oficiar bodas, funerales y presidir los frecuentes días santos y festivales. De las 45 familias que componían la población de Manubai, 15 pertenecían al clan Dongardive.

A su debido tiempo, los padres de Punjaji arreglaron para que el tomase una esposa de una aldea vecina. Ellos escogieron a Janabai para él, y él la llevó a su casa. Juntos tuvieron tres hijos. Sadashiv era el nombre del mayor.

Era la tercera década del siglo XX, la vida en la aldea y en las granjas era muy similar a como había sido durante los siglos anteriores. No había carreteras a Manubai, sólo los surcos creados por las chirriantes ruedas de madera de las carretas jaladas por bueyes.

A pesar de su aislamiento, un día aparecieron en Manubai personas blancas de aspecto extraño. Eran personas religiosas, pero hablaban de una religión totalmente desconocida para aquellos aldeanos. El Dios de aquellos misioneros se llamaba Jesús y ellos hablaban de su amor. Este Dios no podía verse, pero aquellas personas blancas con sus sombreros de paja de caña insistían en que Él estaba vivo y que era poderoso. Sus palabras sonaban extrañas para las personas de Manubai.

Los misioneros llegaron desde Buldana, donde vivían y mantenían una escuela. Su viaje hasta la aldea fue arduo pero regresaron con frecuencia, reuniéndose en un campo abierto con Punjaji y cualquier otra persona que quisiera escuchar. Después de algunas visitas, Punjaji les dio permiso para levantar una tienda en su campo; los misioneros llegaban y predicaban durante cuatro o cinco días seguidos. Obligados por la insistencia de Punjaji, era principalmente el clan Dongardive el que acudía a escuchar ese nuevo evangelio.

Punjaji sabía leer y escribir un poco, y era una persona en busca de la verdad. Los misioneros se ganaron su confianza y él se convirtió en su puente hacia el resto de su clan. Finalmente, después de mucho tiempo, él regresó a un lugar cerca de su arboleda sagrada; pero esta vez oró a este Dios invisible y no al dios de piedra. Oró durante días, pidiendo al Dios de los misioneros que se le revelase. Finalmente descubrió al Dios vivo, no al dios de piedra del monte.

El testimonio de Punjaji fue poderoso y convincente: "Hermanos, ¡deben orar a Jesús! Él es quien tiene poder sobre nuestros temores. Sólo Él puede perdonar nuestros pecados y limpiarnos delante de Dios".

Los seis hermanos de Punjaji y sus familias se convirtieron en cristianos. Los misioneros nombraron un pastor para reunir a los creyentes y ministrarles a ellos y a la aldea. Después de cinco años, esta pequeña comunidad cristiana tenía su propio y sencillo edificio como iglesia. Aun antes de estar plenamente convencido del evangelio cristiano,

Punjaji mandó a su hermano mayor, Sadashiv, junto con varios de sus primos y su tío, el hermano de Punjaji, a asistir al internado nazareno en Buldana. Ellos se sumergieron en esa extraña nueva cultura. Junto con sus otros estudios, los niños aprendían sobre el cristianismo, cantaban canciones cristianas y memorizaban pasajes de la Biblia. En poco tiempo, Sadashiv, sus primos y su tío entregaron sus corazones a Jesús. Después de graduarse de la escuela nazarena, Sadashiv pasó a terminar el décimo grado en la escuela pública cercana. En 1940 Punjaji y Janabai encontraron a una novia cristiana para su hijo.

Ananibai tenía 16 años de edad y provenía de un hogar cristiano en otra aldea. Ella era una niña cuando sus padres y otras tres personas se convirtieron en seguidores de Cristo después de que los misioneros llegasen a su aldea. El hermano de Ananibai se convirtió en pastor nazareno, y ella iba a casarse con un hombre que también llegaría a ser pastor.

Sadashiv enseñó en la escuela de la que se había graduado en Buldana antes de asistir a la Escuela Nazarena de Formación Bíblica en Washim. Durante los siguientes 35 años sirvió como pastor, maestro de la escuela bíblica, superintendente de la residencia de estudiantes, tesorero de distrito, director de la escuela y capellán del hospital. Él y su familia vivieron en Buldana, Pusad, Washim (Basim) y Chikhli, trasladándose de acá para allá.

Sadashiv era un hombre bajito y corpulento, de piel morena y cabello oscuro y ondulado. Hablaba muy bien el inglés, con frecuencia traducía para los misioneros y líderes que visitaban la iglesia. Era conocido como un diestro maestro, predicador y consejero; sus hijos le veneraban como a un maravilloso padre. Murió con honores en 1984.

Ananibai nunca aprendió el inglés, pero sirvió fielmente a su familia y a su esposo como madre y esposa de pastor. Ella vivió muchos años después de que su esposo murió, y finalmente se fue con su Señor en octubre de 2005.

Sadashiv y Ananibai tuvieron dos hijos: una hija, Usha, y un hijo, Santosh. Al igual que su padre, los hijos también recibieron estudios en escuelas nazarenas. A los 12 años de edad, durante un campamento para niños Santosh entregó su corazón a Jesús. Durante su adolescencia, Santosh era activo en la iglesia, pero se resistía a la idea de que debería seguir a su padre en el ministerio. Después de obtener una licenciatura en ciencias, enseñó matemáticas y física en una escuela cristiana de secundaria cerca de Pune.

Un día, Santosh acudió a uno de los líderes misioneros. "Hermano Greer, me gusta ayudarle en el evangelismo y en sus reuniones en la tienda. Quiero seguir activo en el programa para jóvenes de la iglesia, pero sencillamente no me veo como ministro a tiempo completo. ¿Cómo puedo mantener a una familia con ese nivel de ingresos? Me gusta enseñar, pero no estoy seguro de estar hecho para ser pastor".

Su lucha continuó, incluso después de haber sido santificado a la edad de 24 años. Durante los dos años de estudio para su licenciatura en educación, también creció en su caminar con el Señor. Finalmente, dejó su puesto de maestro y sorprendió al liderazgo misionero matriculándose en el Seminario Bíblico Unión. Con el estímulo del concilio de la misión, Santosh completó su licenciatura en divinidades en 1980 e inmediatamente comenzó a enseñar en la Universidad Bíblica Nazarena en Washim, llegando a ser rector de la misma en 1992. Estudió un año en la Universidad Teológica Nazarena de Asia Pacífico en Manila, Filipinas, obteniendo su maestría en divinidades en 1987.

En 1981 Santosh le preguntó a su padre: "Padre, ¿no es tiempo que yo tome a una esposa? Ya he enseñado en la Universidad Bíblica durante un año, y creo que mi vida está lo bastante establecida para asumir la responsabilidad de tener una familia". Su padre estuvo de acuerdo, y se acercó a su buen amigo Manohar Ingle, que era el superintendente de distrito nazareno en Maharashtra occidental. "Tu hija, Vibha, ha terminado sus estudios de enfermería y está trabajando. ¿Crees que está preparada para el matrimonio? ¿Estarías de acuerdo en que se case con mi hijo?"

Manohar habló con su hija con respecto al matrimonio con Santosh. Ella y Santosh se conocían desde que eran niños, pero ahora eran sus padres quienes los unían. Se casaron un mes después. "El amor llega después del matrimonio", dicen en la India, y así sucedió con esta pareja.

A principios de los años noventa docenas de iglesias nazarenas se habían plantado por toda la India, haciendo que el idioma y la distancia fueran problemas para la Universidad Bíblica Nazarena en Washim, que enseñaba sólo en inglés y maratí. Otros problemas acosaban a la escuela también, ¿y qué habría de hacerse para los cientos de nuevos pastores que se necesitaban en todo el país? Santosh y los líderes de distrito, de área y regionales batallaron durante varios años para encontrar la solución correcta.

Finalmente, en 1998, Franklin Cook tomó la decisión de cerrar el programa residencial en Washim e implementar un programa por extensión llamado Universidad Bíblica Nazarena de Asia del Sur para servir al área. Santosh fue nombrado coordinador de educación de área a la vez que trabajaba como secretario de admisiones en el Seminario Bíblico Unión (SBU), el cual se había trasladado a un hermoso campus en Pune.

Entonces los líderes regionales consultaron con él. "Santosh, tú sabes como Dios está bendiciendo nuestro trabajo por todo el sur de Asia. Ahora hay cientos de iglesias nazarenas no sólo en la India, sino también en Bangladesh, Pakistán y Sri Lanka, y vamos a entrar en Nepal y Afganistán. La película JESÚS está llevando cientos de convertidos a nuevas iglesias locales. Algunos de nuestros pastores han estudiado en SBU y el Seminario Bíblico del Sur de la India, pero la mayoría de ellos tienen poca o ninguna formación pastoral. Nuestros centros por extensión tienen de 50 a 60 alumnos en total. ¡Tenemos que hacer más!"

Como resultado, en 2001 Santosh se convirtió en coordinador de literatura para el área de Asia del Sur. La tarea es compleja: producir nuevos libros escritos por autores indios; traducir buenos libros en inglés a los idiomas locales; desarrollar materiales de discipulado de seguimiento para los nuevos convertidos; proporcionar libros de teología, homilética e historia nazarena para los pastores; y desarrollar nuevos materiales autóctonos para la escuela dominical y libros devocionales. Santosh ayuda a escribir programas de estudios para la Universidad Bíblica Nazarena de Asia del Sur, que ahora tiene su centro en Bangalore. Con 18 idiomas principales y más de mil dialectos en Asia del Sur, es un desafío interminable.

A principios del siglo XX, un doctor hindú poco conocido que utilizaba hierbas y que tenía una formación limitada respondió al llamado del evangelio y junto con todo su clan, se convirtió en parte de una diminuta comunidad cristiana. Él pasó la antorcha de su fe a sus hijos, incluyendo a un hijo que pastorearía a un rebaño cristiano creciente durante muchos años. Después la antorcha fue pasada a un miembro de la tercera generación, que ahora ayuda a quienes están llevando el evangelio a una vasta área con una población cercana a los dos mil millones de personas.

La cuarta generación ha tomado la antorcha. Santosh y Vibha tienen tres hijas. Swapna tiene una maestría en química orgánica y es investigadora de los Laboratorios Nacionales de Química. Pratiksha ha terminado su licenciatura en ciencias en microbiología. Disha está terminando sus estudios de contabilidad y tiene planes de hacer una carrera bancaria. Todas ellas son activas en la Iglesia del Nazareno en Pune.

✳ ✳ ✳

Estas pocas historias proporcionan meramente un vistazo a la gran epopeya que se lleva a cabo diariamente, a medida que la Iglesia del Nazareno continúa hablando a las multitudes acerca de Jesús por toda la India. Hace 50 años podría haber sido difícil imaginar el modo en que la antorcha de la fe se está llevando en la actualidad a miles de aldeas y ciudades de la India. El Señor ha sido fiel en cumplir la promesa que le hizo a la misionera Marjorie Carter cuando ella escuchó los testimonios de aquellos preciosos niños en Chikhli hace tantos años.

Después de estar parpadeando durante casi un siglo, la antorcha del testimonio nazareno ahora arde con fuerza por toda la India y también en los países vecinos de Asia del Sur.